法律知識をまるごと理解

Q&A
不動産登記の基本としくみ

売買　相続　贈与　遺贈

青山 修

税務経理協会

はじめに

　本書は，不動産登記の仕組みをわかりやすく解説することを目的としています。

　第1章は「不動産登記の基礎知識」について述べており，不動産登記簿の見方と登記の効力を解説しています。第2章以下では，読者の皆さんが日常生活で経験したり，相談を受けたりすることがある法律行為等，すなわち，売買，相続，贈与および遺贈について解説をしています。比較的日常生活に縁がある法律行為等を基本的な事例を挙げて説明し，その後において，その登記申請手続を説明しています。この方法により，実際の法律行為とその法律行為から発生する自己の権利を保全するための登記手続をご理解いただけるものと考えております。なお，本事例で取り扱っている法律事案は，あくまでも原則的な解釈を示したものであり，個別的事案によっては別な解釈を採らざる場合もあるかと思います。

　本書をご利用されることにより，基本的な法律行為等やその登記申請手続を考える場合のお役に立てれば幸いと考えています。

平成22年5月

著　者

【凡　　例】

民再………民事再生法

不登………不動産登記法

不登令……不動産登記令

民…………民法

会社………会社法

不登準……不動産登記事務取扱手続準則

農地………農地法

破…………破産法

民執………民事執行法

会社則……会社法施行規則

宅建業……宅地建物取引業法

目　次

はじめに

第1章　不動産登記の基礎知識

1　登記の効力と実際の権利関係〜なぜ，登記をするのか……2
(1)　対抗できるとは〜早い者勝ち…………………………………2
(2)　登記された所有者は真実か……………………………………4
(3)　登記された所有者を信用できない理由………………………6
(4)　不動産取引の安全を図る考え…………………………………7

2　不動産登記簿（登記記録）の見方………………………………10
(1)　不動産とは………………………………………………………10
(2)　「登記」とは，どのようなことか……………………………10
(3)　登記をすることができる権利…………………………………11
(4)　登記簿（登記記録）の作成方法………………………………16
(5)　登記記録の仕組み………………………………………………16
(6)　区分建物の登記…………………………………………………23
(7)　区分建物の登記記録の仕組み…………………………………24
(8)　敷地権とは………………………………………………………27
(9)　敷地権として登記ができる権利………………………………30

第2章　不動産登記Q&A［売買編］

Q1　不動産の売買とは…………………………………………………32
Q2　売買の手順…………………………………………………………33
Q3　物件の調査…………………………………………………………36

Q 4	庭石・畳など	38
Q 5	売買予約	40
Q 6	売買の予約完結権の保全策	42
Q 7	売買契約書の作成	46
Q 8	売買契約の当事者－未成年者	47
Q 9	所有権移転登記の添付情報	52
Q 10	有効期間3か月の計算方法	56
Q 11	未成年者・親権者間の利益相反行為	58
Q 12	会社・役員間の利益相反取引	59
Q 13	破産	66
Q 14	民事再生	69
Q 15	農地	72
Q 16	購入者の名義	74
Q 17	名義の訂正	77

第3章　不動産登記Q&A［相続編］

Q 1	相続とは	80
Q 2	家督相続・遺産相続	81
Q 3	相続の適用法令	85
Q 4	配偶者・直系尊属・直系卑属	87
Q 5	法定相続人	89
Q 6	代襲相続	90
Q 7	相続人となる順位・法定相続分	99
Q 8	胎児	102
Q 9	養子縁組と養親・実親の相続権	105
Q 10	認知と相続	108
Q 11	相続欠格・相続人の廃除	110

目　次

Q12　同　時　死　亡 ……………………………………………113
Q13　相続人の不存在 ……………………………………………116
Q14　相続登記の申請手続 ………………………………………119
Q15　遺留分の制度 ………………………………………………121
Q16　遺留分減殺請求 ……………………………………………125
Q17　遺産分割協議 ………………………………………………128
Q18　遺産分割に基づく登記手続 ………………………………132
Q19　特別受益者 …………………………………………………136
Q20　相続の承認・放棄・限定承認 ……………………………140
Q21　相続の承認・放棄・限定承認と相続登記 ………………146
Q22　遺言の種類 …………………………………………………148
Q23　相続登記と遺言書の検認 …………………………………152
Q24　遺言と遺言執行者 …………………………………………154
Q25　相続分の譲渡 ………………………………………………156

第4章　不動産登記Q＆A［贈与編］

Q1　贈与の契約 ……………………………………………………160
Q2　贈与の撤回 ……………………………………………………162
Q3　贈与登記の申請手続 …………………………………………168
Q4　負担付贈与 ……………………………………………………172
Q5　死　因　贈　与 ………………………………………………174
Q6　死因贈与による所有権移転登記 ……………………………176
Q7　死因贈与の仮登記 ……………………………………………180
Q8　死因贈与の仮登記の本登記 …………………………………186

第5章　不動産登記Q&A［遺贈編］

Q1　遺贈とは …………………………………………………………192
Q2　特定遺贈・包括遺贈 ……………………………………………194
Q3　負担付遺贈 ………………………………………………………197
Q4　遺贈の承認・放棄 ………………………………………………198
Q5　遺留分を侵害する遺贈 …………………………………………200
Q6　受遺者が遺贈者よりも先に死亡した場合 ……………………201
Q7　相続か遺贈かの取扱い …………………………………………203
Q8　登録免許税の取扱い ……………………………………………205
Q9　第三者に対する対抗力 …………………………………………206
Q10　遺贈の登記 ………………………………………………………209
Q11　遺贈と相続の登記が混在する場合の登記申請 ………………212
Q12　不動産を売却して代金を遺贈する場合の登記申請 …………214
Q13　遺贈の仮登記の可否 ……………………………………………215

索　　引 ………………………………………………………………217

第1章

不動産登記の基礎知識

1 登記の効力と実際の権利関係～なぜ、登記をするのか

(1) 対抗できるとは～早い者勝ち
① 対抗できるとは～売買の例

あなた（B）がAから土地を買った場合に、「この土地は私の所有だ」と、第三者Cに主張できるでしょうか。もし、Bが自分名義の所有権の登記をしていない間に、Aが同じ土地をCにも売却していたら、その土地の所有権は誰のものになるのでしょうか（これが、二重譲渡といわれる問題です）。

上記の例では、先に、自分名義の登記をしたほうが土地の所有権を取得します。売買代金の支払いが、先か後かは関係がありません。もし、CがBよりも後に売買契約をして売買代金をAに支払い、Bよりも先にC名義の登記をすれば、Cが土地の所有権を取得します。自分名義の登記をしたCは、Bに対し「この土地の所有者は自分だ」と主張できます。登記をすることによって、Cは、Bに対抗できる（対抗力を具備する）ようになるわけです。権利に関する登記は、早い者勝ちです。

本来、AB間で、あるいはAC間で行った売買という法律関係は、その当事者だけ（ABだけ、あるいはACだけ）の間で効力があるわけですが、ある法律関係を当事者以外の第三者に対して効力を及ぼすことができることを、「対抗できる」あるいは「対抗力を有する」といいます。

なお、上記の設例のような二重譲渡が発生した場合には、所有権を取得することができなかったBは、Aに対し、支払済代金の返還請求は当然できますが、損害が立証できれば損害賠償請求も可能でしょう。また、Aに対しては、刑法上の横領罪、背任罪の適用可能性も考えられます。

二重譲渡と対抗力

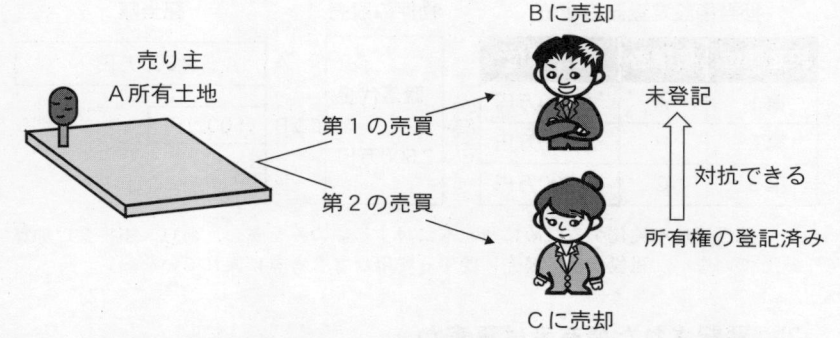

売り主
A所有土地
第1の売買 → Bに売却 未登記
第2の売買 → Cに売却 所有権の登記済み
対抗できる

（注）①詐欺・脅迫によって登記の申請を妨げた第三者，②買主のために登記の申請をする義務を負う者は，登記がないことを主張できない。

② 対抗できる例もある

権利に関する登記は早い者勝ちといいました。しかし，例外的に，著しく正義に反する行為によって登記を得た者（「背信的悪意者」と言っています）には，登記がなくても対抗できる場合もあります。たとえば，①詐欺・強迫によって登記の申請を妨げた第三者，②買主のために登記の申請をする義務を負う者は，登記がないことを主張できません。

③ 対抗できるとは～抵当権設定の例

①の売買の例で，権利に関する登記は早い者勝ちだ，といいました。抵当権設定登記の場合も，そのものズバリです。次に例をあげます。

権利部乙区の登記順位が，1番で債権者Aが債権額2,000万円，2番で債権者Bが債権額1,000万円，3番で債権者Cが債権額500万円の抵当権設定登記を各々していた場合に，競売による配当をするときは，先順位者Aから配当を受け取ることになります。これは，登記の最先順位者である第1順位のAが，第2順位のBおよび第3順位のCに対抗できるからです。

抵当権の配当順位

抵当権設定登記の順位			物件の競売	配当額	
設定順位	債権者	設定順位	競落代金 2,500万円	A	2,000万円
第1	A	2,000万円		B	500万円
第2	B	1,000万円		C	0
第3	C	500万円			

（注）配当額は単純化するために残元本に対する額のみを表し，利息，損害金は加算していない。租税債権，競売に要する費用なども考慮に入れていない。

(2) 登記された所有者は真実か

私達は，登記簿（登記記録）の記録は正しいものと思うのが普通ですが，必ずしも登記記録の権利部・甲区（所有権に関する事項）に所有者として記録されている者が，真実の所有者とは限りません。次に，4つの例をあげます。

① 不動産をAから買ったのに，買い主名義に登記していない場合

世の中にはのんびりした人もいます。大金を払って不動産をAから買ったのにもかかわらず，買主（B）名義に登記をしない人がいます。この場合は，登記記録上は所有者はAですが，実際の所有者はBです。したがって，この不動産を買う人（C）は，Bと売買契約をしなければ所有権移転の効力がありません。この場合は，AからBに所有権移転登記をした後に，BからCに所有権移転登記をすることになります。

② 父親Aが死亡しBが相続した。しかし，登記簿（登記記録）の名義書き換えはされておらず，まだ亡父Aのままである場合

Aが死亡したということを知っている人は，「まだ，名義を書き換えしていないんだ」と思うでしょう。しかし，Aの死亡を知らない人は，「Aが所有者だな」と思うのが普通でしょう。

Aから不動産を相続したBが，その不動産を売ろうとする場合は，売買契約

を締結する前に，まず，当該不動産の相続登記をするべきです。目的不動産の所有者をはっきりさせ，売主を特定するためです。相続人が数人いて，誰が本件の不動産を相続したのかわからないのでは，買主としては不安なわけです。相続登記をした相続人と売買契約をすれば，所有権の取得については，まず心配ないと思われます。

　心配なケースとしては，亡Ａが無権利者から所有権を取得していた場合（後掲③および④のケース），相続人Ｂが，他の共同相続人に無断で，自分名義に勝手に相続登記をしてしまった場合，などが考えられます。このような場合は，所有権の取得は一般的には否定されます。無権利者から不動産を買っても所有権は手に入りません。詳細は，次の(3)で述べます。

③　所有権の登記名義をＡにすべきところを，間違えてＢを所有者として登記の申請をした場合

　実際にあった例ですが，隣り合わせの２筆の所有権移転登記の申請代理を委任された司法書士が，右側の土地をＡ，左側の土地をＢとすべところを，間違えて逆に名義をつけてしまいました。この場合は，真実の所有者が登記記録に反映されていません。したがって，無権利者ＡまたはＢから不動産を買った人は，所有権を取得することができません。無権利者を起点とする登記は，基本的には，以後すべて無効となります。詳細は，次の(3)で述べます。

④　Ｂが登記書類を偽造または窃取して，Ｂが勝手に，Ａ名義の不動産をＢ名義に変えてしまった場合

　このケースは，偽造または窃取（他人の財物をひそかに盗み取る）という犯罪によって，他人名義の不動産を自分の名義に変えてしまったものです。Ｂから不動産を買った人は，所有権を取得できるのでしょうか。

　この場合も，真実の所有者が登記記録に反映されていません。知らないうちに名義を変えられてしまった例です。無権利者Ｂから不動産を買っても所有権は手に入りません。詳細は，次の(3)のとおりです。

以上，所有権の取得について4つの例をあげましたが，もし，売主が無権利者であれば，それを知らない買主が売買代金を支払っていても，所有権は取得できません。登記簿（登記記録）は，必ずしも100％正しい所有者の状態を表しているわけではないのです。

(3) 登記された所有者を信用できない理由
① 推定力
不動産の登記記録に所有者として記録されている者は，一応，その不動産の所有者と推定されます（最高裁昭和46年6月29日判決・判例タイムズ264号197頁）。もし，Aの所有権を否定する者（B）は，反証しなければなりません。ここでいう反証とは，「Aは所有者でない」と主張する者が，「Aはその不動産の所有者である」というAの主張が違っていることを証拠をあげて証明することをいいます。このような反証がない限り，登記記録に所有者Aと登記されていれば，この不動産の所有者はAであるという推定が生じています。これを「登記の推定力」といいます。

② 公信力
5頁の(2)④で述べましたが，Bが，真実の所有者Aの登記書類（印鑑証明書，登記識別情報（登記済証），委任状など）を偽造または窃取して，B名義に不動産の所有権登記をしたとしても，このB名義の所有権登記は真実の権利状態と合致しておらず，無効な登記となります。

上記の場合には，Cが，無権利者Bと売買契約を結んで売買代金を支払ったとしても，Cは，その所有権を手に入れることはできません。C名義の所有権登記が登記記録にされても，後日，真実の所有者AからCの所有権抹消の訴えが提起され，Aの主張が判決で認められたとき（所有者はAであるという登記の推定力が否定されとき）は，Cの所有権は抹消されてしまいます。もちろんCは，Bに対し売買代金全額の返還を求めることができるわけですが，このような悪いことをするBから代金を回収することは，不可能に近いと思われます。

なぜ登記記録（登記簿）を信じたのに，このようなことになるのでしょうか。

上記の例では，登記を信じたCは，まったく保護されないことになります。しかし，これを裏返して考えれば，まったく過失のないAが，自分の知らないうちに，勝手に登記記録の名義を変えられてしまったわけです。Aも保護しなければなりません。これでは，所有者はBであると登記記録に登記されていても，この登記自体に信用力がないということになります。これを，「登記には公信力がない」と言っています。

したがって，無権利者B→C→Dと順次，所有権が移転しても，Dも所有権を取得することができません。無権利者の登記を起点とする登記は，どこまで行っても無効な登記であるということです。しかし，わずかな救いになるかもしれないケースについては(4)で述べます。

登記の公信力

★ 無権利者の登記を起点とする登記は，どこまで行っても無効な登記

(4) 不動産取引の安全を図る考え

(3)で述べましたように，登記に公信力がないとすると，どのような方法をとれば安全に不動産の取引をすることができるのでしょうか。残念ながら，完璧に近い方法はありません。次の①は，取引上，注意すべき一事例です。②は，登記には公信力がないものの，取引の安全を図るために，買主の保護と真の所有者の保護とをどのように調整すべきかという判例の一事例です。

① 短期間の移動

私の長年の司法書士業務の経験からすると，短期間に所有権が移転している

不動産を買う場合は，特に注意を払うべきと考えます。たとえば，AからBに所有権移転登記がされ，さらにBが短期間—短期間とはどのくらいの期間かは断言できませんが，Bが所有権を取得後，一応の目安として数か月—で，その不動産を売却しようとする場合は，なぜ売り急ぐのかを念頭に置く必要があります。

短期間の売買

前所有者　　　　　　登記名義人・売主　　　　　　買い受け希望者

譲渡　→　　　　　　　転貸　→

取得後，短期間で売りに出している

　5頁の(2)④の事例（登記書類の偽造・窃取）の場合は，犯罪者Bは換金するために不動産の売却を急ぐでしょう。しかし，次の場合は，短期間の売買であっても必ずしも不自然ではありませんが，あくまで参考程度にして下さい。
①　Aが死亡してBが相続した場合
　　　この場合は，登記記録の登記原因は「平成○年○月○日相続」と登記されています。相続人Bからの売却であれば，短期間でも不自然ではありません。Bに相続税を支払う必要があったり，換金する事情があるかもしれません。
②　Bが不動産業者である場合
　　　不動産業者Bが転売目的で当該不動産をAから買ったのであれば，資金の効率的運用のために短期間売買を考えたとしても不思議ではありません。
②　第三者を保護しようとする判例の一事例
判決に現れた次のような事例があります。
真実の所有者Aの不動産を，第三者Bが無断でB名義に所有権移転登記をし

たが，その事実を知ったAはこの事実を黙認した（AとBは内縁関係にあったと思われる）。その後Bは当該不動産を，事情を知らない第三者（善意の第三者）Cに所有権移転登記したという事案について，判決は，真実の所有者Aは，善意の第三者Cに対して自己の所有権を主張できないとして，Aの訴えを退けてCの所有権取得を認めました。Aは所有権を取り戻す期間があったのに，これを黙認し放置した責任を理由としました（最高裁昭和45年9月22日判決・最高裁判所民事判例集24巻10号1424頁）。上記のような事案は判例上多くあり，民法94条（通謀虚偽表示）2項の類推適用の問題といっています。また，民法94条2項と同法110条（代理人による権限外行為）を組み合わせて，善意・無過失の第三者を保護しようとする判例もあります。しかし，判例の事案は，真実の所有者が自己の所有権登記が他人名義となっていることを明示または黙示的に了解しているような場合ですので，民法94条2項の類推適用については弁護士などの法律専門家に相談されて，慎重に対応する姿勢が必要です。

2　不動産登記簿（登記記録）の見方

(1)　不動産とは

　土地や建物の所有者の名義を「不動産登記簿に登記する」といいますが，この場合の「不動産」とは，どのような物をいうのでしょうか。

　不動産登記簿（登記記録）に登記をすることができる「不動産」とは，土地と建物のことです。登記することができる「建物」と言えるためには，登記をしようとする建造物が，その底地（土地）から容易に分離しないようにコンクリート基礎などで固定されているものでなければなりません。

　したがって，キャンピングカーや，基礎が丈夫に固定されていない工事現場の仮設小屋などは容易に移動できるため（「不動」でないため），不動産登記法上，建物として登記することはできません。また，基礎は堅固であっても，屋根や周壁がない建造物は登記上建物とみなされません。なお，立木や工場の敷地・建物・建造物等を1つの財産の固まり（財団）とみなす登記方式も特別に法律で定められていることもあります（立木抵当，工場財団抵当等）。

(2)　「登記」とは，どのようなことか

　「この土地を買ったら，私の名義に登記をする」と言うことがありますが，「登記をする」あるいは「登記をした」とは，どのような意味でしょうか。

　土地や建物は，土地1筆ごと，建物の家屋番号ごとに，それぞれを1個の単位として所在地番，面積，所有者，権利関係などが，法務省の電磁的記録[注]に記録されます。簡単に言えば，土地や建物は，それぞれ1個ごとを単位として法務省のコンピュータに記録されます。この記録を「登記記録」と言っています。紙の登記簿の時代は，紙（登記簿用紙）に所在地番，面積，所有者などを記

（注）　電磁的記録とは，電子的方式，磁気的方式その他人の知覚によっては認識することができない方式で作られる記録であって，電子計算機による情報処理の用に供されるものをいいます（不登2五）。

載していたので登記簿に「記載」すると言っていました。しかし，コンピュータの時代となって紙ではなく，電磁的記録に所在地番，面積，所有者などを「記録」するようになりました（手っ取り早く言えば，「コンピュータのハードディスクに情報を書き込むこと」と思ってください）。

「登記をする」とは，登記官という法務省の役人が，コンピュータの登記記録に法律で定められた登記事項（所在地番，面積，所有者，権利関係など）を記録することをいうのです。

(3) 登記をすることができる権利

登記をすることができる権利は不動産登記法で決められており，次の①から⑩の権利です。

① 所　有　権

不動産や動産を所有する権利です。不動産登記においては，不動産の所有者の住所・氏名が記録されています。2人以上で1つの不動産を所有することを共有といいますが，この場合には各々の持分が記録されます。

売買によりAからBが土地を買って自分の名義にする登記を，所有権の移転登記といいます。親から土地の贈与を受けた場合や，相続があった場合も同じです。また，遺言書によって土地や建物をもらった場合（遺贈といいます）も，所有権の移転登記をすることになります。

② 抵当権・根抵当権

抵当権とは，特定した1個の債権を担保する権利（担保権）をいい，住宅ローン（貸金債権）がこの例です。特定した1個の債権を担保するために設定登記された抵当権では，その後に同じ債権者（貸主）から発生した債権を担保することはできません。たとえば，AがB銀行から住宅ローンの融資を受け，その担保として抵当権の設定登記をしていた場合に，後日，B銀行から自動車ローンの融資を受けた場合，先ほどの住宅ローンの抵当権では自動車ローンの貸金を担保することはできません。それぞれが別口で発生した別個の債権であるからです。

これに対し，あらかじめ定めた一定の枠（極度額）内の範囲で，複数の債権を反復継続して担保する権利（担保権）を根抵当権といいます。たとえば，5,000万円という極度額を登記した場合は，この極度額の枠内で，2,000万円を借り，これを返済して，またこの極度額の枠を使って3,000万円を借りたり，手形を割り引くことができます。先ほどの住宅ローンの例では，1つの根抵当権で，住宅ローンの貸金を担保し，枠が余っていれば，さらに自動車ローンの貸金も担保することができます。根抵当権は一般的には，商取引に使用されます。

③　地　上　権

　工作物または竹木を所有するために，他人の土地を借りる権利です。工作物の例としては，建物，トンネル，橋，ガスタンクなどがあり，竹木所有の例としては，竹のほかに杉，檜などの植林目的などがあります。

　借りるという権利であることから，地上権は賃借権（④参照）とよく似ていますが，地上権は土地を借りることに限られ，建物を借りるために設定することはできません。賃借権は，土地・建物のいずれにも設定することができます。また，賃借権の場合は必ず賃料を決めなければなりませんが，地上権の場合は借地料を無料と決めることもできます。賃借権の場合は，あらかじめ譲渡転貸の特約がない限り，賃借権の譲渡または賃借物の転貸をするためには貸主の承諾が必要ですが，地上権の場合は貸主の承諾を得ないで譲渡・転貸をすることができます。

　地上権は，通常，ある土地の1筆全体を設定の目的としますが，トンネルを掘って地下鉄を通す場合は，トンネルを通す土地の一部分のみを地上権の目的土地とすることができます。また，土地上の一部の範囲，たとえば，地上20mの空間に高速道路を通すためにも部分的に地上権を設定することがあります。このように，土地の上下（地下または空間）の一定範囲を定めて設定する地上権のことを，区分地上権といいます。

　なお，借地借家法の適用がある借地契約を締結するときは，土地に「借地権を設定する」といいますが，この場合の借地権としては，地上権と賃借権のいずれかの権利を設定することになります。「借地権」という用語の権利が登記

されるわけではありません。

④ 賃借権

賃料を支払って土地や建物を借りる権利です。借地契約あるいは借家契約をしても，賃借権の登記をする例は多くありません。貸主が登記をすることをいやがるからです。でも，借地上に建築した土地借主名義の建物の登記をすれば，借主は第三者に対して借地権を対抗することができます（この登記は，建物の表示（表題）の登記でもよいとするのが判例です（最高裁昭和50年2月13日判決・最高裁判所民事判例集29巻2号83頁）。借家契約の場合は，借家の引渡しを受けていれば対抗できます。

賃借権については地上権の場合と異なり，あらかじめ譲渡転貸の特約がない限り，賃借権の譲渡または賃借物の転貸は貸主の承諾が必要です。この承諾を得ないで譲渡転貸を行うと，賃貸借契約の解約理由になります。

賃借権の譲渡	賃借物の転貸
賃借人Bが，賃貸人Aとの賃貸借契約上の地位を譲受人Cに譲渡して，Bは賃貸借関係から脱退する。	賃借人Bが，賃貸人Aとの賃貸借契約上の地位を維持したまま，Bは賃借物を譲受人に又貸しする。

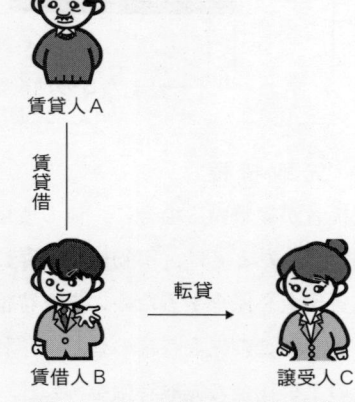

⑤ 地役権

自分の土地を利用するために，他人の土地を利用することができる権利です。この場合，便益（利益）を受ける自分の土地のことを要役地といい，他人の土地のことを承役地といいます。

この権利は，賃借権のように他人の土地の全体を使用するのではなく，土地の一部を使わせてもらうこともできます。比較的多く設定されるものとして，自分の土地に入るために他人の土地を通行する通行のための地役権，電力会社の高圧線を地上で通過させるために設定する地役権などがあります。

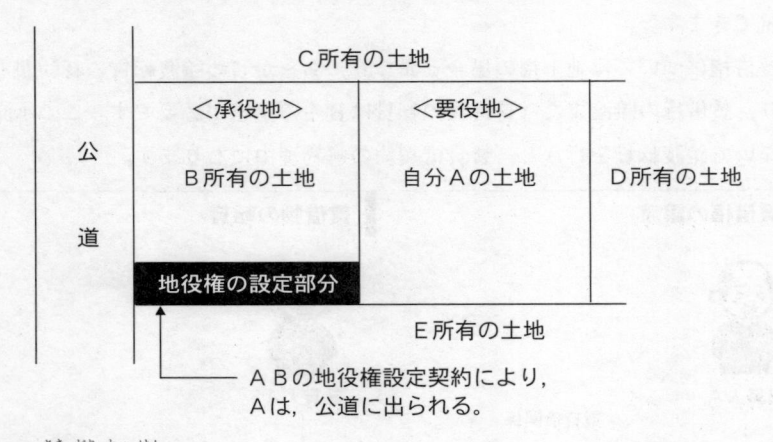

```
                    C所有の土地
            ┌─────────┬─────────┐
            │ <承役地> │ <要役地> │
       公   │         │         │
            │ B所有の土地│ 自分Aの土地│ D所有の土地
       道   │         │         │
            ├─────────┤         │
            │地役権の設定部分│    │
            └────┬────┴─────────┘
                 │    E所有の土地
                 └─ ABの地役権設定契約により，
                    Aは，公道に出られる。
```

⑥ 先取特権

債権者が複数いる場合に，他の債権者よりも先に弁済を受けることができる権利です。たとえば，不動産の保存に要した費用や不動産の工事代金，不動産の売買代金を保全するために先取特権の登記をすることができます。

しかし，この先取特権の登記は，利用数は多くありません。その理由を，不動産の工事代金の先取特権を例に述べますと，この登記は建物を新築する前に，工事費用の予算額，床面積，債務者（建築主）などを登記しなければなりません。しかし，このような登記をするということは，建築業者が工事代金を保全する登記をしなければならないほど，建築主の資金繰りが危ないということを意味しています。建築主は当然，このような登記はいやがりますし，このような登

記をする業者には工事をさせないというのが建築主の考えでしょう。

⑦　永小作権

小作料（賃料）を払って，他人の土地で耕作または牧畜をする権利です。賃借権と同じような権利ですが，土地を借りるための使用目的が耕作または牧畜に限られる点が異なります。建物は建築することはできません。現在では，あまり登記されることがありません。

⑧　質権（不動産質権）

不動産の所有者から，当該不動産の引渡しを受けて，これを使用・収益できる権利です。不特定の債権を担保させる根質権という権利もあります。しかし，これらの権利は，原則として債権の利息を請求することができないため，あまり使用されません。通常は，抵当権か根抵当権を使用しています。

⑨　採石権

岩石および砂・玉石を含む砂利は土地の構成部分であり，その土地の所有者が採取する権利を持っています。しかし，その所有者は，第三者に自分の土地内で岩石および砂・玉石を含む砂利を採取する権利を与えることができます。この与えられた権利を採石権といいます。

⑩　処分の制限の登記

所有権やその他上記の権利を目的として，差押え（競売開始決定），仮差押え，

2008年度・全国の不動産登記申請の種類別件数

登記の種類	登記申請の件数	登記の種類	登記申請の件数
所有権保存	730,697件	地役権設定	19,630件
所有権移転	2,927,361件	先取特権設定	182件
抵当権設定	1,158,425件	永小作権設定	2件
根抵当権設定	217,789件	質権・根質権設定	458件
地上権設定	4,036件	採石権設定	22件
賃借権設定	3,203件	――	――

（法務省統計）

仮処分などの登記がされることがあります。これらの登記は、裁判所が登記の申請をします。

(4) 登記簿（登記記録）の作成方法

(2)で述べましたように、土地や建物は、土地1筆ごと、あるいは建物の家屋番号ごとに、それぞれを1個の単位として(注)、所在地番、面積、所有者、権利関係などが、法務省の電磁的記録に記録されます。この記録のことを「登記記録」といいます。また、登記記録が記録される帳簿のことを登記簿といい、磁気ディスク（これに準ずる方法により一定の事項を確実に記録することができる物を含みます）をもって調製（作成）されます。

(5) 登記記録の仕組み

1個の土地または建物の登記記録は、①所在地番、面積などが記録されている「表題部」、②所有者の住所・氏名など所有権に関する事項が記録されている「権利部（甲区）」、そして、③担保（抵当権、根抵当権）、賃借権、地上権などの所有権以外の権利に関する事項が記録されている「権利部（乙区）」とに分けられています。

①の登記を「表示に関する登記」、②と③に関する登記を「権利に関する登記」といいます。なお、登記記録は、土地または建物が登記されている場合に存在するものであり、登記がされていない場合はありません。マンションなどの区分所有建物については、(6)で述べています。

① 表題部の登記（表示に関する登記）

表題部にする登記のことを、「表示に関する登記」といいます。これは、表題部の記録の次に記録されている権利部（甲区・乙区）の登記を、「権利に関する登記」というのに対する用語です。

表題部に記録する表示に関する登記の例としては、建物を新築したときの表

(注) この1個の単位を、1不動産1登記記録の原則といいます。

題登記，建物を増築したときの増築登記，建物を取壊したときの滅失登記，土地の地目を変更したときの地目変更登記などがあります。これらの登記は，建物が新築されたとき，または増築などで床面積などに変更があったとき，あるいは土地の地目などに変更があったときから，所有者は1か月以内に，新築または変更の登記をするように不動産登記法で義務付けられています。この義務を怠ると10万円以下の過料に処せられます。これらの登記の申請を義務付けられているのは，できるだけ建物や土地の現況を登記記録に反映して，取引の安全に寄与しようとするものです。したがって，強制的な（義務付けられている）これらの登記の申請には，登録免許税は課せられません。

これに対して，1筆の土地を2筆以上に分ける分筆登記や，2筆以上の土地を1筆にする合筆の登記，あるいは，1戸の建物を2戸以上に分ける区分登記や，2戸以上の建物を接続させて1戸の建物として登記する合併登記については，申請をするかしないかは，所有者の意思にまかされています。したがって，罰則規定はありませんが，登記をする場合には登録免許税が課せられます。

② 権利部の登記（権利に関する登記）

権利部に登記する所有権に関する登記（甲区）や，抵当権設定登記あるいは賃借権設定登記（乙区）などを，登記するかしないかは，所有者あるいは抵当権などの権利を有する権利者の自由です。これらの登記の申請をする場合には，登録免許税法で定められた登録免許税を納付しなければなりません。権利部に所有権などの権利を登記をすることにより，その権利を有する者は，第三者に自己の権利を主張（対抗）できるようになります。この効果が，権利に関する登記をするメリットです。

登記記録の構成・登記される主な事項

区分		登記される事項
表示に関する記	【表題部】	土地の場合〜所在 地番 地目（宅地・畑など土地の種類） 地積（面積）など
		建物の場合〜所在 番地 家屋番号 構造 床面積 新築・増築・取壊しの年月日など
権利に関する記	【権利部（甲区）】	所有権に関する事項 　所有者の住所氏名・所有権に関する仮登記・差押えなど
	【権利部（乙区）】	所有権以外の権利に関する事項 　担保権（抵当権・根抵当権）・賃借権・地上権など

【表題部】〜土地の場合

表題部（土地の表示）		調製	余白	❶不動産番号	1234567890123
❷地図番号	A11－1	筆界特定	余白		
所　在	○市○町○丁目			余白	
① 地　番	② 地　目	③ 地　積	㎡	原因及びその日付〔登記の日付〕	
❷ 31番	❸ 宅地	❹	300 | 00	❺平成○年○月○日公有水面埋立 〔平成○年○月○日〕	
所　有　者	❻　○市○町○丁目○番地　昭和一郎				

❶　不動産ごとに異なる13桁の不動産番号が記録されている。

❷　土地を特定する地番。「番地」と言わない。

❸　土地の種類を表す。種類は法律で定められており，たとえば，宅地，山林，畑，田，公園などがある。所有者が勝手に種類を定めることはできない。

❹　土地の面積のことを「地積」という。地積は，水平投影面積により，㎡（平方メートル）を単位として定め，1㎡の100分の1（宅地および鉱泉地以外の土地で10㎡を超えるものについては，1㎡）未満の端数は，切り捨てる。

❺　土地が出現した理由が記録されている。本例は，海を埋め立てたものである。理由の記載がないことが多い。1筆の土地を2筆以上に分ける（分筆という）と，何番から分筆した旨が記録される。

❻　土地の所有者。権利部甲区の登記を申請して所有者の住所・氏名が甲区に記録されると，この「所有者」欄の住所・氏名は抹消の記号（下線）が付される。

【表題部】～建物の場合（区分建物でない建物）

表題部（主である建物の表示）		調製	余白	不動産番号	1234567890123 ❶
所在図番号	余白				
所　　在	❷　○市○町○丁目8番地2			余白	
家屋番号	❸　8番2				
①　種類	②　構　造	③　床　面　積　㎡		原因及びその日付〔登記の日付〕	
居宅 ❹	木造かわらぶき 2階建　❺	❻　1階　　115｜70 　　2階　　 99｜17		平成22年3月1日新築　❼ 〔平成22年3月5日〕	
表題部（附属建物の表示）　❽					
符号	①種類	②　構　造	③　床　面　積　㎡	原因及びその日付〔登記の日付〕	
1	車　庫	コンクリートブ ロック造陸屋根平 家建	80｜10	平成22年2月25日新築　❾ 〔平成22年3月5日〕	
所有者	❿　○市○町○丁目8番地2　昭和一郎				

❶　不動産ごとに異なる13桁の不動産番号が記録されている。
❷　土地と異なり，所在として番地も表示される。
❸　家屋を特定するために，家屋番号が付けられる。家屋番号の付け方については，後掲＜家屋番号の付け方＞を参照。
❹　建物の種類。他に，倉庫，工場，店舗などがある。
❺　建物の構造は，①主な構造物（例：木造，鉄筋コンクリート造など），②屋根の種類（例：かわら，陸屋根など），③階数，で表される。
❻　床面積を小数点以下2位までを表示する。床面積の求積は，原則として，壁心で囲まれた部分で計算する。
❼　建物が新築された日。増築したときは，増築の日も登記される。
❽　附属建物が登記されている場合に記載される。
❾　附属建物の新築年月日は，主である建物の新築年月日と異なる場合に表示される。主である建物と附属建物とが同一新築年月日の場合は，主である建物のみに新築年月日が記録される。
❿　建物の所有者。権利部甲区の登記を申請して所有者の住所・氏名が甲区に記録されると，この「所有者」欄の住所・氏名は抹消の記号（下線）が付される。

家屋番号の付け方

家屋番号は，土地の地番と同じ番号になる
家屋番号＝8番2

土地の地番が8番の場合は，
家屋番号＝8番

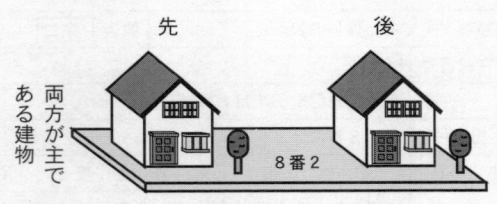

両方が主である建物

1つの土地の上に，建物が2つある場合
先に登記した家屋番号＝8番2（または8番2の1）
後に登記した家屋番号＝8番2の2

土地の地番が8番の場合
先に登記した家屋番号＝8番（または8番の1）
後に登記した家屋番号＝8番の2

主である建物と附属建物

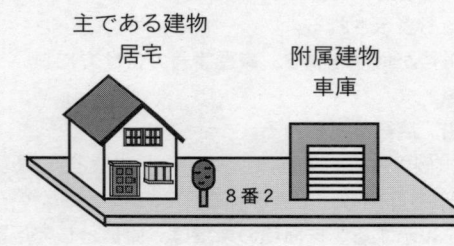

主である建物　居宅
附属建物　車庫

1つの土地の上に建物が2つあっても，主と附属建物の場合は，家屋番号はワンセットとなり，1個が付けられる。
左図・家屋番号＝8番2

【権利部（甲区）】～所有権に関する事項

権利部（甲区）（所有権に関する事項）			
❶順位番号	登記の目的	受付年月日・受付番号	権利者その他の事項
1	所有権保存❷	平成〇年〇月〇日 第〇号	所有者　〇市〇町〇丁目〇番地 　　　　昭和一郎
2	所有権移転❸	平成〇年〇月〇日 第〇号	原因　平成〇年〇月〇日売買❹ 所有者　〇市〇町〇丁目〇番地 　　　　平成太郎

❶　登記の優先順位は，同じ「権利部」（本例では甲区）の中では，順位番号が早いほうが優先する。
　　たとえば，上記の例で，昭和一郎が，同じ土地を，平成太郎と鈴木正に売った場合は，早く登記を受けた方（甲区の順位番号を早く獲得した方）が所有権を取得する（1つの土地では所有権は1個しか成立しないので，本例では，平成太郎が登記をすれば，鈴木正は所有権の登記をすることができない）。異なる「権利部」（たとえば，甲区と乙区）の間では，受付年月日・受付番号の早いほうが優先する。
❷　初めて所有権の登記をする場合は，「所有権保存」となる。
❸　昭和一郎から平成太郎に，所有権が移転された例である。
❹　所有権移転の原因が記録されている。

【権利部（乙区）】～所有権以外の権利に関する事項

権利部（乙区）（所有権以外の権利に関する事項）			
❶順位番号	登記の目的	受付年月日・受付番号	権利者その他の事項
1	抵当権設定❷	平成○年○月○日 第○号	原　因　平成○年○月○日金銭 　　　　消費貸借同日設定 債権額　金1000万円 利　息　年○％ 損害金　年○％ 債務者　○市○町○丁目○番地 　　　　平成太郎 抵当権者　○市○町○丁目○番地 　　　　株式会社　Ｘ銀行
2	根抵当権設定 ❸	平成○年○月○日 第○号	原　因　平成○年○月○日設定 　　　　（登記事項一部省略） 根抵当権者 　○市○町○丁目○番地 　　株式会社　Ｙ銀行

❶　登記の優先順位は，同じ「権利部」（本例では乙区）の中では，順位番号が早いほうが優先する。

　　たとえば，上記の例では，順位番号1番の抵当権が，順位番号2番の根抵当権に優先する。この不動産が競売されたときは，原則として，順位番号の優先順位で配当金を受け取る。もし，この不動産の競売による売却額が1,000万円の場合に，第1順位の抵当権者の貸金残高が1,000万円あるとすれば，第2順位の根抵当権者に配当はない。なお，国税などの税金債権は，必ずしも登記の順位によらないこともある。

❷　所有権以外の権利が記録されている。

❸　根抵当権の登記事項の例である。

(6) 区分建物の登記

　分譲マンション，長屋など一棟の建物を区分して，その1個1個を独立した建物として所有権の対象とした建物を区分建物といいます。区分された独立した1個1個の建物を専有部分の建物といいます。たとえば，あなたが分譲マンションの101号室を買った場合は，この101号室の建物が「専有部分」であり，廊下，エレベーターホール，壁などは「法定共有部分」となります。また，集会室などを「規約共有部分」と定めている例もあります。区分建物とするためには，一棟の建物の所有者が区分建物とする旨の登記の申請をしなければなりません。区分建物とするか，しないかは，一棟の建物の所有者の自由です。

　区分建物として登記がされている場合は，専有部分の建物ごとに取引（売買，抵当権の設定など）の対象となります。法定共有部分および規約共有部分も専有部分の建物の処分に従います。

区分建物の場合

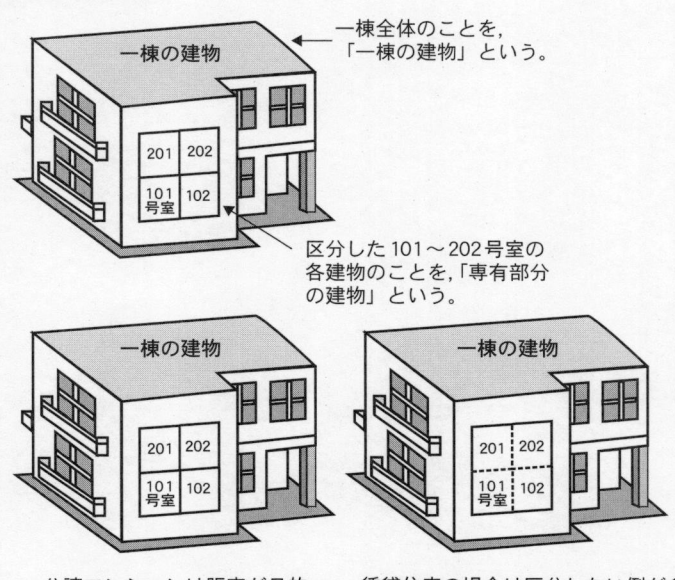

一棟全体のことを，「一棟の建物」という。

区分した101〜202号室の各建物のことを，「専有部分の建物」という。

分譲マンションは販売が目的であるから，通常は，区分建物として区分される。

賃貸住宅の場合は区分しない例が多い。賃貸が目的であって販売しないから，区分する意味がないからである。

(7) 区分建物の登記記録の仕組み

区分建物の権利部の甲区と乙区は，(4)で述べました普通の建物と同じ登記記録の形式ですが，表題部の登記記録は異なっています。

区分建物表題部の登記記録の特徴は，次のようになります。

① まず最初に，一棟の建物（マンション）全体の所在，構造，床面積などを記録した「表題部（一棟の建物の表示）」が作成されます。また，「敷地権」という用語が記録されていることがあります。敷地権については次で述べています。

② 続いて，専有部分の建物の家屋番号，種類，構造，床面積などを記録した「表題部（専有部分の建物の表示）」が作成されます。この専有部分の建物の記録でも，「敷地権」という用語が記録されていることがあります。

【表題部（一棟の建物の表示）】❶

専有部分の家屋番号	❷35−1−101〜35−1−107　35−1−201〜35−1−207　35−1−301〜35−1−307					
表題部（一棟の建物の表示）		調製	余白	所在図番号	余白	
所　在	○市○町二丁目35番地1，35番地2 ❸			余白		
建物の名称	霞ヶ関マンション ❹			余白		
① 構　造		② 床面積　㎡		原因及びその日付〔登記の日付〕		
鉄筋コンクリート造陸屋根 地下1階付3階建 ❺		❻　1階　417　27 　　2階　638　03 　　3階　638　03 　　地下1階　461　02		〔平成22年3月16日〕		
表題部（敷地権の目的である土地の表示）❼						
①土地の符号	②所在予備地番		③地目	④　地積　㎡		登記の日付
1	○市○町二丁目35番1		宅地	599　27　27		平成22年3月16日
2	○市○町二丁目35番2		宅地	266　17　17		平成22年3月16日
3	○市○町二丁目32番		雑種地	390		平成22年3月16日

❶　一棟の建物の全体（区分建物全部）の所在，構造などを表す。

❷　登記されている専有部分の建物の全部の家屋番号が表示される。本例では，建物の所在の最初の地番35番1を採用して，1階は専有部分の建物が101号室から107号室まであるので，各家屋番号は35番1の101〜35番1の107となる。2階も3階も同様である。

　なお，登記官によっては101，102のような部屋番号（号室）を家屋番号に採用しないで，順次1，2，3…と付ける場合もある（この場合は，35−1−1，35−1−2…となる）。

❸　一棟の建物が所在する番地。一棟の建物が所在する土地を法定敷地という。2筆以上あるときは，床面積が多く乗っている土地の地番が先に記録される。たとえば，一棟の建物の床面積が35番地1よりも，35番地2に多く乗っているときは，所在が「○市○町二丁目35番地2，35番地1」となる。地番の若い順に記録されるのではない。

❹　一棟の建物につけられた建物の名称。A棟・B棟，1号館・2号館という場合もある。名称は，一棟の建物の所有者が任意につければよい。

❺　一棟の建物全体の構造。

❻　一棟の建物全体の各階の床面積。

❼　敷地権の表示が記録されている。敷地権の表示がない区分建物の場合もある。本例は，一棟の建物が所在する35番1と35番2の土地が法定敷地であり，32番の土地は規約敷地である。敷地権の詳細については，次の(8)で述べています。

【表題部（専有部分の建物の表示）】❶

表題部（専有部分棟の建物の表示）		調製	余白	不動産番号	1234567890123 ❷
家屋番号	○町二丁目35番1の101 ❸			余白	
建物の名称	101 ❹			余白	
① 種　類	② 構　造	③ 床面積 ㎡		原因及びその日付〔登記の日付〕	
居宅 ❺	鉄筋コンクリート造 1階建 ❻	❼1階部分	80　20	平成22年3月1日新築 〔平成22年3月16日〕 ❽	

表題部（敷地権の目的である土地の表示）❾				
①土地の符号	②敷地権の種類	③　敷地権の割合	原因及びその日付〔登記の日付〕	
1・2	所有権	100分の7	平成22年3月1日敷地権 〔平成22年3月16日〕	
3	賃借権	27分の1	平成22年3月1日敷地権 〔平成22年3月16日〕	
所有者	○市○町○丁目○番地　　明治マンション販売株式会社 ❿			

❶　一棟の建物を区分した専有部分の建物ごとに表題部が作成される。

❷　専有部分の建物ごとに異なる13桁の不動産番号が記録されている。

❸　家屋番号については，【表題部（一棟の建物の表示）】の❷を参照。

❹　部屋番号。

❺　専有部分の建物の種類。

❻　専有部分の建物の構造。「1階建」とあるのは，メゾネットタイプの建物のように区分された専有部分の建物が2階建構造ではなく，この専有部分の建物が1階だけの構造であることを表す。2階建構造のメゾネットタイプの区分建物の場合は，構造が「鉄筋コンクリート造2階建」，床面積は「1階部分　○○・○○㎡　2階部分　○○・○○㎡」と表示される。

　　著者は仕事で時々，「私が買ったマンションは1階建ではなく3階建であるが，この登記は1階建となっているので間違いではないか」という質問を受ける。しかし，本例でいえば，一棟の建物自体の構造は3階建であるが，101号室は2階建構造ではなく，1階建構造であり，間違いではない。

❼　この専有部分の建物が存在する階数が表示されている。もし，専有部分の建物が2階にある場合は，「2階部分」となる。

❽　専有部分の建物の新築年月日。

❾　敷地権の詳細については，次の(8)を参照。

❿　この専有部分の建物の建築主（原始取得者）。たとえば分譲マンションの場合は，この部分に販売業者（分譲業者）が記録されている。

(8) 敷地権とは
① 売買の例

　区分建物の登記記録には，敷地権の表示がされている場合が多くあります。敷地権とは，次のような登記をいいます。

　通常，建物と土地とは別々の不動産であり，別々の登記記録となっています（「土地と建物とは別々の登記簿になっている」と考えた方がわかりやすい）。ですから，建物とその底地の土地とを同時に売却したときは，建物の登記記録の所有者名義を売主Aから買主Bに書き換え，土地も同じように所有者名義を書き換えることになります。名義を書き換える手続きを建物・土地それぞれ別々にするわけですから，手続きは2個です。

　しかし，区分建物であって敷地権という登記がされている建物については，上記の2個の手続きを1個の手続きで行ってしまうことになります。すなわち，専有部分の建物を売却したときは，その専有部分の建物の所有者が持っている土地の持分も，専有部分の建物と一緒に買主に移転させることとし，名義書換の手続きは建物だけで済ますというものです。建物を売買して所有権を移転させるという法律的効果を，自動的に，その専有部分の建物の所有者が有する底地にも及ぼすとするものです。

　専有部分の建物の数が200戸位あるような大型マンションでは，土地の持分の名義も200人分も登記があり，その土地持分に対する抵当権や差押えなどの権利状態の公示が複雑となり，土地の登記簿を見ても権利関係が判然としないという理由から，敷地権という登記を作り出しました。

② 抵当権の例

　上記は，敷地権付き区分建物の売買による所有権移転登記の例を述べましたが，所有権を移転するのではなく，A所有の専有部分の建物に抵当権を設定登記する場合も同じことが言えます。敷地権の登記がされていれば，専有部分の建物に抵当権の設定登記をすれば，その抵当権の効力は，専有部分の建物に対する土地持分にも自動的に及び，土地持分に，わざわざ抵当権設定登記をしなくてもよいことになります。

③ 分離処分の禁止

①②で述べましたように，敷地権付きの区分建物においては，専有部分の建物とその敷地権の目的となっている土地の持分とは，別々に処分（売買，抵当権設定など）することができません。専有部分の建物だけはBに売って，その土地持分は売らないということはできません。もし，分離処分しようとする場合は，分離処分可能規約を作る必要があります。

普通の建物・土地の登記手続

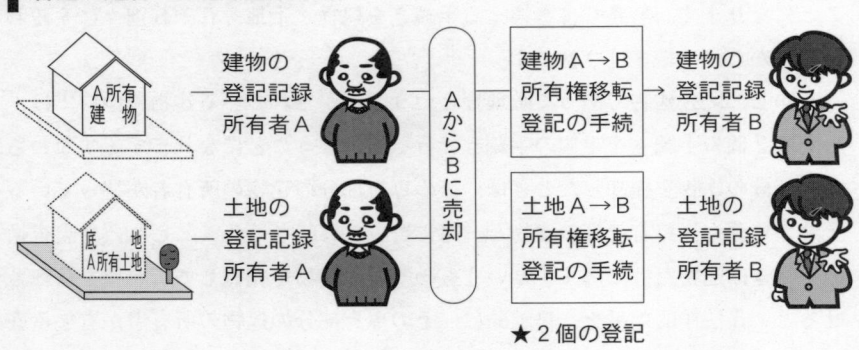

A所有建物 ― 建物の登記記録 所有者A ― AからBに売却 ― 建物A→B所有権移転登記の手続 → 建物の登記記録 所有者B

底地A所有土地 ― 土地の登記記録 所有者A ― AからBに売却 ― 土地A→B所有権移転登記の手続 → 土地の登記記録 所有者B

★2個の登記

区分建物・土地持分の登記手続

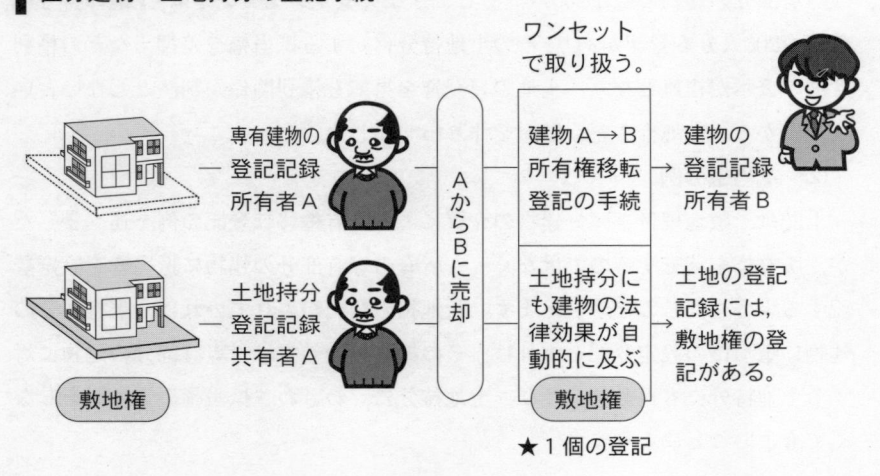

ワンセットで取り扱う。

専有建物の登記記録 所有者A ― AからBに売却 ― 建物A→B所有権移転登記の手続 → 建物の登記記録 所有者B

土地持分の登記記録 共有者A（敷地権）― AからBに売却 ― 土地持分にも建物の法律効果が自動的に及ぶ（敷地権）→ 土地の登記記録には，敷地権の登記がある。

★1個の登記

① 敷地権が付かない区分建物の場合（表題部に「敷地権」の記録がない区分建物）は，専有部分の建物と土地部分とは普通の建物と同じ2個の登記手続きになる。この場合は，専有部分の建物の法律効果は，土地部分に自動的に及ばない。
② 上記では売買の例で述べたが，所有権移転登記でなく抵当権を設定する場合でも同じである。敷地権付き区分建物の場合は，専有部分の建物に抵当権設定登記をすると，土地部分にも自動的に抵当権の効力が及ぶ。ただし，賃借権については，土地に効力は及ばない（持分には，賃借権設定登記ができない）。

敷地権の登記

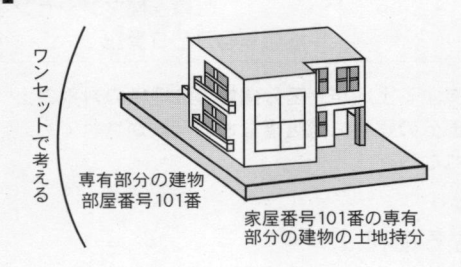

① 家屋番号101番の建物にした法律行為（例：売買・抵当権設定）の効果は，自動的に土地持分にも及ぶ。

② 敷地権の登記がある土地部分には，所有権移転登記，抵当権設定登記などはされない。

【権利部（甲区）】～所有権に関する事項

権利部（甲区）	（所有権に関する事項）		
順位番号	登記の目的	受付年月日・受付番号	権利者その他の事項
2	所有権移転	平成○年○月○日 第○号	所有者　○市○町○丁目○番地 　明治マンション販売株式会社
3	所有権敷地権	余白	建物の表示 　　　　　○市○町○丁目○番地 　一棟の建物の名称 　　　　　　　　霞ヶ関マンション 平成○年○月○日登記

　明治マンション販売株式会社が所有する土地が，区分建物の敷地権の対象の土地になったことを表している。専有部分の建物に抵当権などの登記がされても，土地の登記記録に抵当権の登記はされない。

(9) 敷地権として登記ができる権利

① 敷地利用権

　勝手に他人の土地の上に，建物を建築することはできません。専有部分の建物の所有者は，その建物が所在する土地について，何らかの使用する権利を持っていなければなりません。専有部分の建物の底地を使用する権利を，敷地利用権といいます。敷地利用権の例として，専有部分の建物とともに土地持分も買った場合は所有権であり，借地の場合は賃借権か地上権です。また，土地をタダ（無償）で利用することができる権利（使用借権）の場合もあります。これらの土地の権利が，登記がされているか，いないかは関係がありません（使用借権は登記できません）。

② 敷地権となる権利

　敷地権として登記できる権利は，敷地利用権であって，かつ，登記がされた所有権，賃借権または地上権の3つに限られます。したがって，登記をすることができない使用借権は，敷地権となることができません。

第2章

不動産登記Q&A ［売買編］

QUESTION 1 不動産の売買とは

不動産の売買とは、どのようなことか。

ANSWER

不動産の売買とは、売主がある不動産の所有権を買主に移転することを約し、買主がこれに対して代金を支払うことを約する契約をいいます。

解説

　不動産の売買とは、不動産の所有権を売買する契約ということができます。売買という契約行為を定める民法という法律は、「売買は、当事者の一方がある財産権を相手方に移転することを約し、相手方がこれに対してその代金を支払うことを約する」契約が、売買契約であると定めています（民555。この条文は不動産に限らず、売買全般を定めています）。

　これを不動産取引に当てはめて、もう少し具体的に述べると次のようになります。不動産の売買契約とは、売主がある不動産の所有権を買主に移転することを約し、買主がこれに対してその代金を支払うことを約する契約です。

　民法の原則では、売主が所有権を移転することを約し、買主がこれに対してその代金を支払うことを約することによって、売買契約の効力が発生します（民555）。このように民法の原則では、売主・買主の間で有効に売買契約が成立すると、売買代金の支払いがあるか否かにかかわらず、所有権が移転してしまいます。しかし、実際の取引では、売買契約の特約で所有権移転時期を定めているのが一般的です。たとえば、「本件不動産の引渡しおよび所有権移転の時期は、売買代金の全額（手付金があるときは、売買代金の残額）の支払いがあった時とする」というような定めをします。

QUESTION 2　売買の手順

不動産を売買する手順は，どのようになるのか。

ANSWER

不動産の売買の手順は，概ね次の図のようになります。

買受け希望物件の情報収集	新聞・不動産業者・インターネットなどから情報を集める
不動産業者に媒介を依頼（仲介業者がなければ不要）	希望する物件があったときは，不動産の仲介業者に媒介を依頼する 仲介業者から物件の法律規制の説明がされる
不動産の売買契約の締結	売買契約の成立 所有権移転時期や住宅ローンが組めないときは売買契約を解除するなどの特約を明示する 手付金の支払い
住宅ローンの手続き	借り入れするときは金融機関と打ち合わせ
代金支払・所有権移転	一般に「受け渡し」といって，代金を支払い，所有権の移転を受ける日
所有権移転登記の申請	売主から買主に所有権を移転する登記の申請を，法務局に行う 融資を受ける場合は抵当権設定登記も申請 司法書士などに委任することが多い
固定資産税など租税の発生	不動産取得税，固定資産税，都市計画税などの租税が課税される

解説

不動産の売買の手順についての概要説明は，次のとおりです。

- **買受け希望物件の情報収集**

　不動産を購入しようとするときは，新聞の広告，チラシ，インターネットなどのほか，不動産の仲介業者を訪ねて物件の情報を集めます。

- **不動産業者に媒介を依頼**

　新聞の広告，仲介業者への訪問などにより購入希望物件があったときは，その広告などをしている業者に媒介の依頼をします。なお，広告などを出している者が，媒介ではなく売主である場合もあります。

- **不動産の売買契約の締結**

　売買契約が有効に成立したときは，契約の内容に従い，売主は当該不動産を買主に引き渡し，その所有権を移転する義務を負います。また，買主は代金支払いの義務を負います。売買契約に代金の支払時期，所有権移転の時期などの特約があるときは，その定めに従うことになります。また，特約として，買主が金融機関から購入資金の借入れをすることができなかった場合は売買契約を解除する，という内容を定める例もあります。

　なお，売買契約が成立したときには手付金として売買代金の10％位を売主に渡す例が一般的です。

- **住宅ローンの手続き**

　売買代金の一部を金融機関から借入れするときは，事前に金融機関にその旨を依頼し，売買契約書，登記事項証明書など金融機関が要求する書類を提出しなければなりません。

- **代金支払・所有権移転**

　売買契約で定めた代金支払い，所有権移転を実行する日です。一般に「受け渡し」と言っています。

- **所有権移転登記の申請**

　登記記録の所有者を変更するために所有権移転登記の申請をします。金融

機関から住宅ローン融資を受ける場合は，抵当権設定登記の申請も同時に行います。これらの登記の申請は，通常，司法書士などが代理人となって行います。この登記をすることにより，買主は所有権移転登記について，また金融機関は抵当権設定登記について，対抗力（→2頁の(1)）を備えることになります。

・**固定資産税など租税の発生**

　売買により不動産を取得したときは，一度だけ不動産取得税が課税されます。固定資産税は，毎年課税されます。なお，これらの税は，免税点が定められており，その額以下のときは課税されません。不動産に対して都市計画税を課税する地方自治体もあります。

QUESTION 3 　物件の調査

不動産を購入するときは，どのようなことを調べるのか。

ANSWER
登記事項証明書で権利関係を調べたり，現況を確認します。

解説

特に注意を要する例を述べます。
(1) 登記事項証明書から権利関係を調べる

購入希望物件は売主の名前で所有権登記がされているか，また，差押え，抵当権や賃借権など第三者の権利が登記されていないかを，登記事項証明書（かつて登記簿謄本と言われていたもの）で調べます。この登記事項証明書は，法務局で手数料（原則として，窓口交付の場合，1通で1,000円）を支払って交付を受けることができます。仲介業者に媒介を依頼したときは，通常，登記事項証明書を渡してくれます。

抵当権など第三者の権利の登記については，一般的には代金支払時に同時に抹消しますが，これらの権利の登記が間違いなく消えるのか，仲介業者や司法書士などに確認することが必要です。

なお，土地に電力会社の高圧電力線の通行を目的とする地役権設定登記（14頁の(3)⑤）や，高速道路や地下鉄のトンネルの設置を目的とする地上権設定登記（12頁の(3)③）がされている場合は，土地が売買されても地役権設定登記や地上権設定登記は抹消されず，そのまま残る例もあります。
(2) 現況を確認する

物件の現況を，自分の目で直接確かめる。この点については，買主は，現地

を訪れて物件を買うか買わないかを判断しますから，問題ないと思われます。現地を訪れる際には，土地の境界杭，登記事項証明書と面積が大きく異なっていないか，地目が異なっていないか，未登記の建物が建っていないかなどを確認して下さい。

　もし，土地の境界杭がないときは，受け渡しの前までに杭を入れるように指示して下さい。境界不明は，購入後に隣地と紛争を起こすおそれがあります。また，未登記の建物については，その所有者は誰であるかを売主や仲介業者に確認して下さい。住宅ローンを組む場合には，金融機関から未登記建物を登記するように言われることがあります。

(3)　**物件の使用を規制する法律規制を確認する**

　土地や建物は自分の所有物となっても，無制限に自由に使用できるものではありません。都市整備や安全規制のために，法的規制がかけられています。これらの主な法律としては，建物の建築規制・用途地域規制などを定める建築基準法，市街化区域・市街化調整区域などを定める都市計画法，宅地造成を規制する宅地造成等規制法などがあります。これらの規制については，物件所在地の市町村役場で調べることもできますが，仲介業者に媒介を依頼する場合は，仲介業者からこれらの説明をした重要事項説明書が交付されます。

(4)　**農地を売買する場合**

　農地の売買については，72頁Ｑ15を参照。

QUESTION 4 庭石・畳など

土地と建物を売買する場合，庭木や畳なども売買の目的物となるか。

ANSWER

原則として，売買の対象になります。不明確な場合は，売買契約の特約で対象物を明確にしておきます。

解説

一軒の家とその敷地を売買する場合，土地と建物の本体のほかに，土地に定着した庭木，庭石，灯籠や，建物に備付けられた畳，建具などについて，これを売買の目的物に含めるのか，あるいは目的物から除外するのかは，売買契約で定めることができます。しかし，これらの物について何の約定もしなかったときは，どのように取り扱うのかが問題となります。以下で述べる例は1つの目安であり，売買における紛争を避けるためには，石灯籠など顕著な物については極力，特約でその帰属を明確にすることが必要です。

(1) 土地の定着物

庭木，庭石，石灯籠などは，それ自体希少価値があるものや，土地に定着していないものは動産として，土地とは独立して取引の対象になることもあり得ます。

民法86条1項は，「土地及びその定着物は，不動産とする」と定めています。土地の定着物につき，判例は，「民法86条1項にいう土地の定着物とは，土地の構成部分ではないが土地に附着せしめられ且つその土地に永続的に附着せしめられた状態において使用されることがその物の取引上の性質であるものをいう」としています（最高裁昭和37年3月29日判決・最高裁判所民事判例集16巻3号643

頁)。

　一般に，仮植中でない庭木，庭石，敷石などは，ほぼ土地の定着物として認められています。石灯籠，石の五重塔については，定着物であるか否かにつき判断が分かれていますが，判例は，原則として土地に定着性を有するが，特に独立の取引をするにふさわしい経済的価値があるものについては独立した取引をすることができるとしています（大審院昭和9年7月25日判決・大審院判決全集）。

　なお，抵当権の効力がどの範囲まで及ぶのかに関しての判例ですが，「本件石灯籠および取り外しのできる庭石等は本件根抵当権の目的たる宅地の従物であり，本件植木および取り外しの困難な庭石等は右宅地の構成部分であるが，右従物は本件根抵当権設定当時右宅地の常用のためこれに付属せしめられていたものである（略）。本件宅地の根抵当権の効力は，右構成部分に及ぶことはもちろん，右従物にも及び」としています。

(2) 建物の従物

　民法87条1項は，「物の所有者が，その物の常用に供するため，自己の所有に属する他の物をこれに附属させたときは，その附属させた物を従物とする」としています。

　建物本体と畳との関係のように，主物の効用をはたすために常用に供される物を従物といいます。主物と従物というためには，①この両者に場所的な接近があること，②主物と従物ともに独立の物と認められること（たとえば，建物本体と窓ガラス戸は，主物と従物の関係にあります。しかし，窓ガラス戸を構成しているガラスのみでは建物に対し従物となりません），③主物と従物ともに同一の所有者に属することが必要です。畳の他に，襖，障子なども建物の従物とされますが，特に高価な襖については，従物としてではなく建物とは別に処分することも可能です。

　従物は，主物の処分に従います（民87②）。したがって，売買契約で特約がなければ，建物（主物）を売買すれば，畳，障子などの従物は当該建物とともに買主の所有となります。

QUESTION 5 　売買予約

不動産の売買の予約とはどのようなことか。

ANSWER

不動産の売買の予約（売買予約）とは，将来的には売買の本契約をするが，事情があって直ちに本契約ができない場合に，予約完結権を有する者の予約完結権行使の意思表示によって，売買契約の効力が生じるとする契約をいいます。

解説

(1) 予約完結権

売買の予約（売買予約）とは，不動産の売買契約を締結するには諸般の事情があって現時点では締結できない場合において，予約完結権を有する者の予約完結権行使の意思表示によって，売買契約の効力が生じるとする契約をいいます（民556①）。

予約完結権とは，将来本契約を成立させようという契約をした場合に当事者が有する本契約を成立させる権利をいいます。民法は，一方のみに予約完結権を与えて，その者が売買を完結する意思表示をした時から，売買の効力が生じるとしています。一方のみに予約完結権を与える場合，買主となる者，売主となる者のいずれに予約完結権を与えるかは，予約の契約を締結するときに定めることになります。なお，予約完結権は，予約当事者の一方のみが有する場合，あるいは双方が有する場合のいずれかを契約で定めることもできます。

予約完結権を有する者を予約権利者，その相手方を予約義務者あるいは予約者といいます。

(2) 予約完結権の行使

　予約完結権行使の意思表示は，予約権利者から予約者に対して行います。別段の定めがない限り，この予約完結権は形成権^(注)とされており，予約者の承諾は不要です。意思表示をする方法は，特に定められていません。売買の予約の対象となる不動産が第三者に譲渡されている場合であっても，予約完結権の意思表示はその第三者ではなく，予約者に対して行います（大審院昭和13年4月22日判決・大審院民事判例集17巻770頁）。予約完結権の意思表示があると，売買契約の効力が生じることになります。したがって，所有権移転の時期について特約がなければ，予約完結権の意思表示があった時に所有権が移転することになります。

　予約完結権を行使することができる期間は，契約で定めることになります。もし，契約で定めた期間内に予約完結権を行使しなかった場合は，予約完結権は消滅します。予約完結権を行使することができる期間を定めなかったときは，予約者は，予約権利者に対し，相当の期間を定めて，その期間内に売買を完結するかどうかを確答すべき旨の催告をすることができ，この場合において，予約権利者がその期間内に確答をしないときは，売買の一方の予約は効力を失うことになります（民556②）。

（注）　形成権とは，権利者の一方的意思表示によって法律関係の変動を生じさせることができる権利をいいます。
　　　たとえば，親権者の承諾を得ないで未成年者が売買契約を締結したときは，親権者は，未成年者が親権者の承諾を得ていないことを理由に，相手方の了承（承諾）を得ないで一方的に売買契約を取り消すことができます。

QUESTION 6 　売買の予約完結権の保全策

不動産の売買の予約契約を締結して買主となる者が予約完結権を有する場合に、その予約完結権を保全するためには、どのような方法を採ればよいか。

ANSWER

売買予約を登記原因とする所有権移転請求権仮登記をします。

解説

(1) 売買予約の仮登記

　ある不動産についてＡＢ間で売買の予約契約を締結しても、予約権利者（予約完結権を有する者＝買主となる者）Ｂは、まだ所有権を取得したわけではありません。その後、目的不動産がＡから第三者Ｃに売却されて所有権移転登記がされたときは、予約権利者Ｂは所有権を取得することができません。予約権利者Ｂは登記をしていないので、登記を具備した第三者Ｃに対抗することができません。

　このような危険を防ぐために、予約権利者Ｂは、予約者Ａと共同して、あるいは予約者Ａの承諾を得て単独で、目的不動産について、「年月日売買予約」を登記原因とする所有権移転請求権仮登記を申請することができます（不登105二）。この仮登記をしておけば登記順位を保全することができます。将来、この仮登記に基づき本登記をすることによって、本登記の順位は仮登記をした時点の順位によることになり、Ｂは仮登記をした時点からその本登記をした時点までに生じた登記上の第三者に対抗できるようになります。

【登記事項証明書の例（イ）】～売買予約に基づく仮登記をした例

権利部（甲区）（所有権に関する事項）			
順位番号	登記の目的	受付年月日・受付番号	権利者その他の事項
1	所有権移転	平成20年6月12日 第1500号	原　因　平成20年6月12日売買 所有者　〇市〇町〇丁目〇番地 　　　　A
2	所有権移転請求権仮登記❶	平成22年7月20日 第1700号	原　因　平成22年7月20日 　　　　売買予約 権利者　〇市〇町〇丁目〇番地 　　　　B
	余白	余白	余白
3	所有権移転❷	平成22年7月30日 第1850号	原　因　平成22年7月30日売買 所有者　〇市〇町〇丁目〇番地 　　　　C

❶　AとBで売買予約をして、予約権利者Bが売買予約の予約完結権を保全するために所有権移転請求権仮登記をした例です。 余白 の欄には、後日、この仮登記に基づく本登記がされたときに、B名義の所有権移転登記が記録されます。

❷　Bが所有権移転請求権仮登記をした後に、CがAから所有権の移転（売買）を受け、C名義に所有権移転登記がされている例です。Cの登記よりもBの仮登記のほうが先にされているので、Bが仮登記に基づく本登記をしたときは、BはCに対抗することができます。

　Bが仮登記に基づく本登記をする場合、Cは登記上利害関係を有する第三者に該当します。仮登記に基づく本登記をするためには、Cの承諾を証する情報（印鑑証明書付の承諾書）、またはCが承諾をしない場合には、BがCに対抗することができる裁判があったことを証する情報（判決の謄本など）を提出しなければなりません。この承諾情報を提供して仮登記の本登記を申請するときは、登記官の職権でCの所有権登記が抹消されます。

【登記事項証明書の例(ロ)】～仮登記を本登記にした例

権利部（甲区）（所有権に関する事項）			
順位番号	登記の目的	受付年月日・受付番号	権利者その他の事項
1	所有権移転	平成20年6月12日 第1500号	原　因　平成20年6月12日売買 所有者　〇市〇町〇丁目〇番地 　　　　A
2	所有権移転請求権仮登記	平成22年7月20日 第1700号	原　因　平成22年7月20日 　　　　売買予約 権利者　〇市〇町〇丁目〇番地 　　　　B
	所有権移転❶	平成22年8月10日 第1850号	原　因　平成22年8月10日売買 所有者　〇市〇町〇丁目〇番地 　　　　B
<u>3</u>	<u>所有権移転❷</u>	<u>平成22年7月30日 第1850号</u>	<u>原　因　平成22年7月30日売買 所有者　〇市〇町〇丁目〇番地 　　　　C</u>
4	3番所有権抹消	余白	2番仮登記の本登記により平成22年8月10日登記

❶　余白　にBを所有者とする仮登記に基づく本登記がされる。

❷　登記上利害関係を有する第三者Cの承諾を証する情報（または，Cに対抗することができる裁判があったことを証する情報（判決の謄本など）を提供してBの仮登記に基づく本登記の申請があったときは，登記官の職権でCの所有権登記が抹消される。

(2) 売買予約の仮登記の添付情報

売買予約に基づく所有権移転請求権仮登記を申請するための添付情報は，次のとおりです。

① 登記原因証明情報

売買予約契約の成立を証する情報（売買予約契約書など）を提供します。売買予約の登記原因証明情報と言えるためには，不動産，当事者，登記原因の発生（売買予約の成立）および所有権を移転すべき請求権が発生したことが記

載されていなければなりません。
② 予約者（売主・所有権登記名義人）の印鑑証明書
　印鑑証明書の有効期間は，その発行の日の翌日から起算して3か月以内です。
③ 法人の場合は，代表者の資格証明情報（代表者事項証明書など）
　資格証明情報の有効期間は，その発行の日の翌日から起算して3か月以内です。
④ 代理人によって登記を申請する場合には委任状
⑤ 予約者の承諾を証する情報を提供して，予約権利者が単独申請する場合
　予約者の承諾を証する情報（承諾書）を提供したときは，予約権利者が単独で仮登記の申請をすることができます。この承諾を証する情報には，予約者の印鑑証明書を（法人の場合は，代表者の資格証明情報も）添付しなければなりません。

QUESTION 7 売買契約書の作成

不動産の売買契約を締結するときは、売買契約書を作成しなければならないか。

ANSWER

不動産の売買契約は当事者の合意のみによって成立し、契約書の作成は成立要件ではありません。ただし、宅地建物取引業者による売買・媒介の場合は、一定の書面の作成・交付が義務付けられています。

解説

売買は、当事者の一方がある財産権を相手方に移転することを約し、相手方がこれに対してその代金を支払うことを約することによって、その効力を生じます(民555)。このように売買契約は当事者の合意のみによって成立するものであり、売買契約書の作成がなくても不動産の売買契約は有効に成立します(この契約形式を諾成契約といいます(注))。

しかし、不動産の売買は高額であり、税務上および契約内容の紛争を避けるためにも、当事者、目的不動産、代金、所有権移転登記の時期などを記載した売買契約書を作成すべきといえます。なお、宅地建物取引業者による売買・媒介の場合は、当事者、目的不動産、代金、所有権移転登記の時期などを記載した書面を、契約当事者に交付することが義務付けられています(宅建業37)。

(注) 契約当事者の合意だけで成立する契約のことを、諾成契約といいます。これに対し、契約の成立に当事者の合意のほか、物の引渡しなどが必要な契約形態を要物契約といいます。

QUESTION 8 売買契約の当事者―未成年者

未成年者は，売買契約を締結することができるか。

ANSWER

未成年者が売買契約の当事者となる場合は，原則として，法定代理人の同意または法定代理人による代理が必要です。

解説

不動産の売買契約の締結は，目的不動産の所有者と買主となる者とで行います。未成年者が売買契約の締結当事者となるについては，民法上の制約があります。

(1) 売買契約締結の方法

満20歳に満たない者を未成年者といいます。未成年者は制限行為能力者[注1]とされているので，原則として，単独で法律行為をすることができません。未成年者が，単に権利を得，または義務を免れる行為は，法定代理人の同意を要しません。また，法定代理人が処分を許した財産は，その目的の範囲内で，未成年者が自由に処分することができます（民5①③）。未成年者が法定代理人の同意を得ないでした法律行為は，取り消すことができます（民120①）。

未成年者が売主であるか買主であるかを問わず，売買契約を締結するためには，次の①か②の方法によります。

① 未成年者が，法定代理人の同意を得て売買契約を自ら締結する

原則として，未成年者の親権者が法定代理人となります。父および母が婚

（注1） 未成年者，成年被後見人，被保佐人および民法17条1項の審判を受けた被補助人を制限行為能力者といいます（民20①）。制限行為能力者の制度は，判断能力が欠けた人や不十分な人を保護する制度です。

姻中の場合は，その父および母が共に親権者になります。父母の一方が親権を行使できないときは，他の一方が親権を行使します。

未成年者に対して親権を行う者がいないとき，または親権を行う者が管理権を有しないときは後見人（未成年後見人）が法定代理人となります。

意思能力を有する未成年者は，その法定代理人の同意を得て，自ら売買契約を行うことができます（民5）。未成年者が法定代理人（親権者または未成年後見人）の同意を得て，自ら売買行為（契約の締結，代金の支払い・受領など）をするためには，未成年者が意思能力を有していることが必要です。意思能力とは，法的な効果（本設例では，代金支払い・物件の引き渡し・物件の引き取り）に拘束される前提として，自分の行為を判断することができる精神的能力をいい，一般的には，10歳未満の幼児や泥酔者などは意思能力がないとされています。

② 法定代理人が未成年者を代理して，売買契約を締結する

法定代理人（親権者または未成年後見人）は，未成年の子（未成年後見人の場合は，未成年被後見人(注2)）の財産を管理し，かつ，その財産に関する売買などの法律行為についてその子（未成年後見人の場合は，未成年被後見人）を代表します（民824・859）。ここでいう代表とは，代理と異ならないと解されています(注3)。

(2) 成年とみなされた者の行為

未成年者が婚姻をしたときは，これによって成年に達したものとみなされます（民753）。これを成年擬制といいます。成年擬制を受ける者は，法定代理人の同意または代理によることなく，自ら売買契約を締結することができます。

また，法定代理人から，一種または数種の営業を許された未成年者は，その営業に関しては，成年者と同一の行為能力を有します（民6①）。行為能力とは，法律行為を単独で有効にすることができる法律上の地位あるいは資格をいいま

(注2) 「未成年被後見人」とは，後見を受ける未成年者をいいます。
(注3) 我妻栄『親族法』336頁（有斐閣）。

す。たとえば，未成年者が法定代理人から，果物を販売する営業の許可を得ていた場合は，法定代理人の同意または代理を得ないで，自ら，その営業に属する果物の仕入れや販売のほか，野菜を販売する店舗・その土地の購入もすることができます。

(3) 未成年者と登記申請の添付情報

未成年者が売買による所有権移転登記の申請当事者（売主または買主）となる場合は，原則的な添付情報（52頁Ｑ９）のほかに，次の添付情報（添付書類）が必要です。

① 売主が未成年者の場合で，法定代理人が代理して行う場合

　イ　法定代理人の印鑑証明書

　　　印鑑証明書は，法定代理人（親権者または未成年後見人）の作成後３か月以内のものを提供します。親権者が婚姻中の場合は，原則として共同親権となりますから，父および母の印鑑証明書が必要です。婚姻中の父母の一方が親権を行使することができない場合（例：親権喪失宣告を受けている場合，家庭裁判所の許可を得て親権を辞任している場合など）は，親権を行使することができる一方の親権者の印鑑証明書を提供します。この場合には，親権を行使することができない旨の証明書も提供すべきでしょう。

　ロ　戸籍謄抄本（戸籍の全部事項証明書）

　　(a)　親権者の場合

　　　　親子関係を証明するために親権者と当該未成年者とが記載されている戸籍謄抄本（戸籍の全部事項証明書）が必要です。この書面は，作成後３か月以内のものに限ります。

　　(b)　未成年後見人の場合

　　　　未成年後見に関する事項は，当該未成年者（未成年被後見人）の戸籍に記載されます。この書面は，作成後３か月以内のものに限ります。成年後見の場合は，法務局が管轄する後見登記等ファイルに記録されますが，未成年後見の場合は，法務局が管轄する後見登記等ファイルに記録されません。

ハ　委　任　状

　　法定代理人（親権者または未成年後見人）が登記の申請を司法書士などの代理人に委任する場合は，法定代理人の委任状を代理人に交付します。共同親権の場合は父母の記名押印（印鑑証明書の印）となります。未成年者の委任状は，必要ありません。

② 売主が未成年者の場合で，法定代理人が同意を与えた場合

イ　同意書（法定代理人の印鑑証明書付）

　　意思能力ある未成年者は，法定代理人の同意を得て売買行為をすることができます。この同意書は法定代理人が作成し，法定代理人が記名押印します。共同親権の場合は父母の記名押印となります。同意書には，法定代理人の印鑑証明書（共同親権の場合は父母の印鑑証明書）を添付しなければなりません。

ロ　戸籍謄抄本（戸籍の全部事項証明書）

　　①のロを参照。

ハ　未成年者の印鑑証明書

　　未成年者の作成後3か月以内の印鑑証明書を提供します。「印鑑登録証明事務処理要領（昭和49年2月1日自治振第10号）」では，15歳未満の者は印鑑の登録を受けることができないとされています。

ニ　委　任　状

　　未成年者が登記の申請を司法書士などの代理人に委任する場合は，未成年者本人の委任状を代理人に交付します。

③ 買主が未成年者の場合で，法定代理人が代理して行う場合

イ　未成年者の住所を証する情報

　　未成年者の住民票の写し，戸籍の附票が該当します。

ロ　戸籍謄抄本（戸籍の全部事項証明書）

　　①のロを参照。

ハ　委　任　状

　　法定代理人（親権者または未成年後見人）が登記の申請を司法書士などの代

理人に委任する場合は，法定代理人の委任状を代理人に交付します。共同親権の場合は父母の記名押印（認印で可）となります。未成年者の委任状は，必要ありません。

④ 買主が未成年者の場合で，法定代理人が同意を与えた場合
　イ　同意書（法定代理人の印鑑証明書付）
　　　②のイを参照。
　ロ　戸籍謄抄本（戸籍の全部事項証明書）
　　　①のロを参照。
　ハ　委　任　状
　　　未成年者が登記の申請を司法書士などの代理人に委任する場合は，未成年者本人の委任状を代理人に交付します。

QUESTION 9 所有権移転登記の添付情報

売買による所有権移転登記の申請には、どのような添付情報（添付書面）が必要か。

ANSWER

登記原因証明情報、登記識別情報、売主の印鑑証明書、買主の住民票の写しなどが必要です。

解説

売買による所有権移転登記の申請には、原則として、次の添付情報（添付書面）を提供しなければなりません（なお、農地の売買については72頁Q15を参照）。

① 登記原因証明情報

売買による所有権移転登記の申請には、「登記原因を証する情報」を提供しなければなりません（不登61）。「登記原因を証する情報」は、一般的に、登記原因証明情報といわれるものです。

売買における登記原因証明情報といえるためには、当事者、目的不動産、売買日、売買により所有権が移転した旨、所有権の移転時期について特約があれば当該移転時期の表示があり、これに当事者の記名押印（少なくても登記義務者である売主の記名押印）がされていることが必要です。後掲【登記原因証明情報の例】を参照。

② 登記識別情報

売主（登記義務者）が、自己の所有権の取得登記をしたときに法務局から通知された登記識別情報を提供しなければなりません（不登22本文）。なお、申請不動産を管轄する法務局の登記事務がオンライン化される前に、売主（登記義務者）が自己の所有権の取得登記をしたときは、登記義務者の権利に関す

る登記済証（いわゆる権利証）が交付されていますので，この書面を提供します。

なお，登記識別情報を，売主が紛失している場合など提供することができないときは，次のイまたはロの方法によります。

イ　登記官が事前通知書（照会書）を登記義務者に送付して，2週間以内（外国に住所がある場合は4週間以内）に，その通知書の返却を受ける方法。この照会書には登記義務者が記名押印（印鑑証明書の印）します。

ロ　申請代理人が，登記官に本人確認情報を提供する方法。

　　当該申請が登記の申請の代理を業とすることができる司法書士などの代理人によってされた場合であって，登記官が当該代理人から法務省令で定めるところにより当該申請人が登記義務者であることを確認するために必要な情報の提供を受け，かつ，その内容を相当と認めるときは，イの方法は採られません。

③　売主の印鑑証明書

売主が，個人の場合は市区町村長が発行した印鑑証明書，法人の場合は法務局の登記官（または許認可役所）が発行した印鑑証明書を提供します。上記の印鑑証明書の有効期間は，いずれも作成後3か月以内です（不登令16・18）。なお，法人の印鑑証明書を作成する法務局と不動産登記の申請をする法務局とが同一の管轄であるときは，次の法務局を除き，印鑑証明書の提供を省略することができます。

> 【印鑑証明書の提供を省略できない法務局】
> 　　東京法務局　横浜地方法務局　名古屋法務局　京都地方法務局
> 　　大阪法務局　神戸地方法務局　福岡法務局

④　法人の場合は，法人の代表者の資格証明情報

売主または買主が法人であるときは，当該法人の代表者の資格を証する情報を提供しなければなりません。資格証明情報の有効期間は，作成後3か月以内です（不登令17）。

なお，法人の資格証明情報を作成する法務局と不動産登記の申請をする法務局とが同一の管轄であるときは，上記③の法務局を除き，資格証明情報の提供を省略することができます。
⑤　買主の住所を証する情報
　　買主が，個人の場合は住民票の写しまたは戸籍の附票，法人の場合は法人の登記事項証明書（④の資格証明情報で兼用することができます）。住所を証する情報は，有効期間の制限がありません。
⑥　代理人によって登記を申請する場合は，委任状
⑦　評価証明書
　　登録免許税を計算するために必要となります。この書面は，一般的に，売主が売買不動産を管轄する市区町村役場で取得することになります。
⑧　その他特殊なケースにおける添付情報
　①から⑦までの書面は原則的なものであり，当事者が未成年者の場合など，特殊なケースについては当該箇所で説明しています。

登記原因証明情報の例

登記原因証明情報

1　登記申請情報の要項
　(1)　登記の目的　　所有権移転登記
　(2)　登記の原因　　平成22年7月25日売買
　(3)　当　事　者　　権利者　〇市〇町〇丁目〇番地　B（氏名）
　　　　　　　　　　　義務者　〇市〇町〇丁目〇番地　A（氏名）
　(4)　不動産の表示
　　　　　　　　　　〇市〇町〇丁目〇番　宅地　〇〇〇・〇〇㎡
2　登記の原因となる事実又は法律行為
　(1)　平成22年6月26日，AとBは，(2)の特約を付して，本件不動産につき売買契約を締結した。
　(2)　本件不動産の所有権は，平成22年7月25日に売買代金全額の支払いがあった時に，AからBに移転する旨の特約がある。
　(3)　平成22年7月25日，BからAに対して売買代金全額の支払いがあったので，同日，AからBに対して本件不動産の所有権が移転した。

　平成〇年〇月〇日〇法務局御中
　　ABは，上記内容を確認の上，登記原因証明情報として提供する。
　　　　　　権利者　〇市〇町〇丁目〇番地　B　㊞
　　　　　　義務者　〇市〇町〇丁目〇番地　A　㊞

QUESTION 10 有効期間3か月の計算方法

印鑑証明書，資格証明情報，戸籍謄抄本の有効期間3か月の計算は，どのようにするのか。

ANSWER

印鑑証明書，資格証明情報などの作成日の翌日を起算日として，3か月の計算をします。

解説

印鑑証明書，資格証明情報（代表者・支配人などの資格証明書）または法定代理人が戸籍謄抄本を提供しなければならない場合（登記申請当事者が未成年者の場合）の当該戸籍謄抄本の有効期間3か月（作成後3か月以内）の計算方法は，いずれも同一です。

(1) 原　　則

印鑑証明書などの作成日の翌日を起算日とし，3か月目の応当日の前日の終了（午後12時＝24時）をもって満了する。月単位で期間を定めたときは，月の大（31日）・小（30日または2月は28日もしくは29日）に関係なく，1か月単位で計算することになります。

```
平成22年4月1日（木）──── 印鑑証明書の作成日（発行日）
平成22年4月2日（金）──── 起算日

平成22年7月1日（木）──── 3か月の有効期間満了日
平成22年7月2日（金）──── 3か月目の応当日
```

(2) 期間の末日が休日の場合

　有効期間の末日が，①日曜日，②国民の祝日に関する法律に規定する休日，③行政機関の休日に関する法律で休日とされている日（①②のほかに，土曜日，12月29日から翌年の1月3日まで）に該当するときは，休日の翌日（平日）まで有効期間が延長され，延長された期間の末日の終了をもって満了します。

```
平成22年3月26日（金）──── 印鑑証明書の作成日（発行日）
平成22年3月27日（土）──── 起算日

平成22年6月26日（土）──── 本来ならば，3か月の有効期間
                            の満了日となるが，土曜日で休
                            日となるため延長される
平成22年6月27日（日）──── 休日のため，さらに延長される
平成22年6月28日（月）──── 3か月の有効期間満了日
```

QUESTION 11 未成年者・親権者間の利益相反行為

親権者が，未成年者所有の不動産を第三者に売却することは，利益相反行為になるか。

ANSWER

親権者が未成年者が所有する不動産を売却する行為は，利益相反行為になりません。

解説

法定代理人と未成年者との間で利益が相反する行為を，利益相反行為といいます。たとえば，未成年者が所有する不動産を，その親権者である父に売却する行為は，未成年者としては売買代金を得ることになりますが，不動産を失うために，未成年者と親権者父とは利益相反行為になります。この場合は，未成年者を保護するという見地から，特別代理人を家庭裁判所で選任してもらい，その特別代理人と親権者母とが共同して，親権者父と売買行為をすることになります（昭和23年9月18日民事甲第3006号民事局長回答，最高裁昭和35年2月25日判決・最高裁判所民事判例集14巻2号279頁）。

ところで，本設例では，未成年者が所有する不動産を第三者に売却するというものですから，利益相反行為になりません。また，未成年者とその親権者とが共有する不動産を，親権者の持分と共に未成年者の持分を売却する行為も利益相反行為になりません（昭和23年11月5日民事甲第2135号民事局長回答）。

QUESTION 12　会社・役員間の利益相反取引

① Ａ株式会社の代表取締役（または取締役）Ｂが、自分の所有する不動産をＡ会社に売却する行為は利益相反取引になるか。
② Ａ株式会社が所有する不動産を、当該会社の代表取締役（または取締役）Ｂに売却する行為は利益相反取引になるか。
③ 持株会社と社員との利益相反取引について説明せよ。

ANSWER

代表取締役、取締役のいずれであっても、①②は利益相反取引になります。持株会社の社員が利益相反取引なるのは、その社員が業務を執行する社員の場合です。

解説

(1) 利益相反取引

会社とその会社の取締役（代表取締役を含みます）または社員（無限責任社員・有限責任社員のことをいいます）とが売買などの取引をすることによって、お互いの利益が相反する行為を利益相反取引といいます。詳細は後で述べますが、利益相反取引となる場合は、株主総会、取締役会などの承認（持分会社の場合は61頁(3)を参照）が必要になります。これは、取締役または社員が、自己または第三者の利益を図って会社に不利益を与えることを防止するための措置です。

会社と取締役（代表取締役に限りません）または社員とが売買行為をすることは、いずれが売主・買主であっても利益相反取引になります。ただし、監査役につ

いては利益相反取引となりません。利益相反取引の承認手続きは，以下のようになります。

(2) 株式会社の場合

① 取締役会設置会社における承認機関

定款の規定で取締役会を置くことを定めた株式会社を，取締役会設置会社といいます。取締役会設置会社の場合は，取締役会の決議で利益相反取引を承認することになります。

利益相反取引を承認する取締役会の決議は，議決に加わることができる取締役の過半数（これを上回る割合を定款で定めた場合にあっては，その割合以上）が出席し〔定足数〕，その過半数（これを上回る割合を定款で定めた場合にあっては，その割合以上）をもって行います〔決議要件〕。利益相反取引を承認する決議については，特別の利害関係を有する取締役（例：自己の会社と売買取引をする取締役）は，議決に加わることができません（会社36①）。ただし，特別の利害関係を有する取締役であっても，取締役会に出席することはできます。

取締役会の決議の方法

（例1） 利害関係ある取締役が1名の場合

取締役総数 3名	Ⓐ　Ⓑ　Ⓒ
利害関係ある取締役　1名	Ⓐ
定　足　数　　　2名	Ⓑ　Ⓒ
定足数の過半数で決議する。	定足数2名の過半数は2名であり，ⒷⒸの承認を要する。

（例2） 利害関係ある取締役が2名の場合

取締役総数 3名	Ⓐ　Ⓑ　Ⓒ
利害関係ある取締役　2名	Ⓐ　Ⓑ
定　足　数　　　1名	Ⓒ
定足数の過半数で決議する。	定足数1名の過半数は1名であり，Ⓒのみの承認を要する。

利益相反取引となる取引をした取締役は，当該取引後，遅滞なく，当該取引についての重要な事実を取締役会に報告しなければなりません（会社法365②）。

② 取締役会を設置していない会社の承認機関

取締役会を設置していない株式会社（以下「取締役会非設置会社」といいます）における利益相反取引の承認は，株主総会の普通決議で行います（会社356①）。株主総会の普通決議は，定款に別段の定めがある場合を除き，議決権を行使することができる株主の議決権の過半数を有する株主が出席し，出席した当該株主の議決権の過半数をもって行います（会社309①）。会社法施行前に設立されていた有限会社についても同様です。

(3) **持分会社（合同会社・合資会社・合名会社）**

業務を執行する無限責任社員または有限責任社員が利益相反取引となる場合は，当該社員以外の社員の過半数で承認決議を行います。ただし，定款に別段の定めがあるときは，その定めに従います（会社595）。

(4) **登記申請の添付情報**

売買による所有権移転が利益相反取引となる場合の申請情報（登記申請書）には，原則的な添付情報（52頁Ｑ9）のほかに，次の添付情報を提供しなければなりません。

① 株 式 会 社

　イ　取締役会設置会社の場合は，利益相反取引を承認した取締役会議事録，印鑑証明書および登記事項証明書を提供します。

　　　この取締役会議事録には，出席代表取締役は法務局に届け出ている印（代表取締役であっても法務局に印鑑を届け出ていない者は，市区町村役場に届け出た印鑑証明書の印）を押し，出席取締役および出席監査役は，市区町村役場に届け出た印鑑証明書の印を押します。そして，法務局に印鑑を届け出ている代表取締役は登記官が作成した印鑑証明書，その他の者は市区町村長が作成した印鑑証明書を提供します。

　　　また，押印した者が取締役・監査役であることを証明するために，それ

らの者が記録された登記事項証明書も併せて提供しなければなりません（代表者事項証明書では申請が受理されません）。なお，この印鑑証明書および登記事項証明書については，有効期間の定めはありません（ただし，登記事項証明書を当該法人の代表者事項証明書として兼用する場合は，作成後3か月以内のものに限ります）。

ロ　取締役会非設置会社の場合は，利益相反取引を承認した株主総会議事録，印鑑証明書および登記事項証明書を提供します。取締役会の場合と異なり，利益相反取引となる取締役も株主総会で株主として議決権を行使することができます。

　　株主総会議事録については，当該議事録を作成した取締役の氏名を記載しなければなりません（会社則72③六）。株主総会議事録には当該議事録を作成した取締役の氏名を記載すればよく，その作成者は必ずしも代表取締役に限っていません（取締役総務部長が，議事録作成者になってもよいわけです）。

　　しかし，不動産登記において，利益相反取引を承認した株主総会議事録は，登記原因について第三者の承諾を要する場合における当該第三者が承諾したことを証する情報にあたるため，議事録作成者が記名押印しなければなりません（不登令7①五ハ・19①）。

　　前掲の会社法施行規則でいう「作成者」とは，株主総会議事録を事実上作成した取締役（前掲例では，取締役総務部長）のことをいいます。しかし，不動産登記で使用する利益相反取引を承認した株主総会議事録の場合は，株主総会議事録を事実上作成した取締役をいうのではなく，株主総会議事録の意思表示の主体である作成名義人（代表取締役）のことをいいます。したがって，この株主総会議事録については，「議事録作成者　代表取締役△△△」とし，法務局に届出した印を押し，登記官が発行した印鑑証明書を添付しなければなりません。

　　なお，株主総会議事録の末尾に，議事録作成者および出席した取締役・監査役の記名がされている場合は，出席代表取締役は法務局に届け出ている印（代表取締役であっても法務局に印鑑を届け出ていない者は，市区町村役場に

届け出た印鑑証明書の印）を押し，出席した取締役・監査役は，市区町村役場に届け出た印鑑証明書の印を押します。そして，法務局に印鑑を届け出ている代表取締役は登記官が作成した印鑑証明書，その他の者は市区町村長が作成した印鑑証明書を提供しなければなりません。また，押印した者が取締役・監査役であることを証明するために，それらの者が記録された登記事項証明書も併せて提供しなければなりません

② 持分会社の場合

持分会社の場合は，利益相反取引社員を除く他の社員の過半数の承認があったことを証する情報（証する書面），その書面に記名押印した社員の印鑑証明書および登記事項証明書を提供します。

社員が押すべき印鑑および印鑑証明書・登記事項証明書などの取扱いについては，①の株式会社の場合に準じます。

利益相反取引を承認した取締役会議事録の例（取締役会設置会社の場合）

取締役会議事録

平成〇年〇月〇日午前〇時〇分より，当会社本店で取締役会を開催した。
　　　取締役総数　　　〇名
　　　出席取締役数　　〇名
　　　監査役総数　　　〇名 ❶
　　　出席監査役数　　〇名
定款第〇条の規定により取締役Bは議長席に着き開会を宣言し，議事に入った。

　議案　不動産売買の件
議長は，当会社代表取締役Aが所有する後記記載の土地を，当会社が事務所を建設する敷地として次の要領で買い受けることにつき，その可否を議場に諮ったところ，全員一致をもってこれを承認可決した。なお，利害関係人である代表取締役Aは，この決議に加わらなかった。　❷
［売買契約の概要］❸
　売　買　日　　平成〇年〇月〇日
　売　買　金　額　　金〇万円

```
　　　不動産の表示　○市○町○丁目○番　宅地　○○○・○○㎡

　以上にて本日の議事を終了したので，議長は，午前○時○分閉会を宣言した。
本決議を明確にするため，この議事録を作成し，出席取締役及び出席監査役は
次に記名押印する。
　平成○年○月○日
　　　　　　　　　　　　　　　　　　株式会社○○取締役会
　　　　　　　　　　　　　　　　　　　出席代表取締役　　A　㊞　　❹
　　　　　　　　　　　　　　　　　　　出席取締役　　　　B　㊞
　　　　　　　　　　　　　　　　　　　　　同　　　　　　C　㊞
　　　　　　　　　　　　　　　　　　　出席監査役　　　　D　㊞
```

❶　非公開会社（全部の株式について，株式譲渡制限を付けている会社）で，定款で監査役の監査の範囲を会計に関するものに限定する旨を定めている場合は，監査役が取締役会に出席する義務はありません（監査役会設置会社および会計監査人設置会社を除く）。
　　したがって，監査役が取締役会に出席する義務がない会社では，「監査役総数」「出席監査役数」の記載は不要です。議事録末尾の出席監査役の記名押印も不要となります。
❷　当該決議について利害関係を有する取締役は，決議に参加することができません。取締役会への出席はすることができます。なお，取締役会決議につき，特別の利害関係を有する代表取締役が議長として議事を主宰した場合において，当該取締役会決議が無効とされた裁判例があります（東京高裁平成8年2月8日判決・商事法務1452号1907頁）ので，議長の選任については注意が必要です。本例は，定款の規定により利害関係のない取締役が議長となった例です。
❸　「別紙売買契約書案のとおり」とすることもできます。
❹　代表取締役の場合は，法務局への届出印，他の取締役および監査役の場合は印鑑証明書の印を押し，その印鑑証明書を添付します。監査役が出席していない場合は，記名押印は不要です。

【利益相反取引を承認した株主総会議事録の例】(取締役会非設置会社の場合)

> ### 臨時株主総会議事録
>
> 　平成○年○月○日午前○時○分より，当会社本店で臨時株主総会を開催した。
> 　　議決権を行使できる株主の数　　　○名　❶
> 　　この議決権の数　　　　　　　　　○個
> 　　出席株主数（委任状によるものを含む）○名
> 　　この議決権の数　　　　　　　　　○個
> 　　出席取締役　A（議長兼議事録作成者），B，C
> 　　出席監査役　D
> 　以上のとおり，本会は適法に成立したので，代表取締役Aは議長席に着き開会を宣言し，直ちに議事に入った。
>
> 　　議案　不動産売買の件
> 　議長は，当会社代表取締役Aが所有する後記記載の土地を，当会社が事務所を建設する敷地として次の要領で買い受けることについて，その可否を議場に諮ったところ，満場一致をもってこれを承認可決した。
> ［売買契約の概要］❷
> 　　売　買　日　　平成○年○月○日
> 　　売買金額　　　金○万円
> 　　不動産の表示　○市○町○丁目○番　宅地　○○○・○○㎡
>
> 　以上にて本日の議事を終了したので，議長は，午前○時○分閉会を宣言した。本決議を明確にするため，この議事を作成する。
> 　平成○年○月○日
> 　　　　　　　　　　　　　　　　株式会社○○臨時株主総会
> 　　　　　　　　　　　　　　　　議事録作成者・代表取締役　　A　㊞　❸

❶　利益相反取引を承認する株主総会の決議は，普通決議です。この普通決議は，定款に別段の定めがある場合を除き，議決権を行使することができる株主の議決権の過半数を有する株主が出席し，出席した当該株主の議決権の過半数をもって行います（会社309①）。

❷　「別紙売買契約書案のとおり」とすることもできます。

❸　議事録作成者が記名押印します。議事録作成者が代表取締役の場合は，法務局への届出印，他の取締役の場合は印鑑証明書の印を押し，その印鑑証明書を添付します。

破産

QUESTION 13 破産物件の任意売却による所有権移転登記の手続きは，どのようにすべきか。

ANSWER
破産財団に属する不動産を任意売却したときは，買主と破産管財人との共同申請で所有権移転登記を行います。

解説

(1) 破産の登記

破産手続開始決定があったときは，破産者が法人である場合には，その法人の会社登記簿に，破産手続開始決定の登記がされます。このため，当該法人が所有する不動産の登記記録（従来の不動産登記簿）には，破産手続開始決定の登記はされません。

これに対し，破産者が個人である場合には，裁判所書記官は，破産財団に属する権利で登記がされたものがあることを知ったときは，職権で，遅滞なく，破産手続開始の登記を登記所に嘱託しなければならないとされています。個人の場合は法人の登記簿のようなものがないので，破産者が有する不動産の登記記録に破産手続開始決定があったことを登記します。

(2) 破産管財人

破産者が，破産手続開始の時に有している財産は，原則として破産財団を構成します。ただし，差押禁止財産（破34三，民執131）や破産管財人が破産財団から放棄した財産などは，破産財団に属しません。

破産手続開始の決定があった場合は，破産財団に属する財産の管理および処分をする権限は，裁判所で選任された破産管財人に専属します（破78①）。Aに

対して破産手続開始の決定があった場合は，原則として，Aが所有する不動産は破産財団となり，その財産の管理・処分は破産管財人が行うことになり，Aは管理・処分権を失います。

　破産財団に属する不動産を任意売却により買い受けるためには，破産管財人を相手として売買契約をすることになります。破産管財人が破産財団に属する不動産を任意売却するためには，当該破産事件を管轄する裁判所の許可を受けなければなりません（破78②一）。

　破産財団に属する不動産を任意売却したときは，買主と破産管財人との共同申請で所有権移転登記を行います。

(3) **破産物件の所有権移転登記の添付情報**

　破産物件を破産管財人から任意売却により買い受ける所有権移転登記の添付情報（添付書類）は，次のものです。

① 登記原因証明情報

　登記原因である売買があり，それによって所有権が移転したことを証する情報（書面）です。これには，当事者，不動産の表示，売買日，所有権移転の日などの記載があることが必要です。原則として，この情報（書面）には，登記権利者である買主と登記義務者である売主の記名押印が必要です（処分権限は破産管財人に専属していますので，破産管財人の記名押印となります）。登記権利者については，記名押印がなくても登記の申請は受理されます。

② 破産管財人であることを証する書面

　裁判所書記官の証明に係る破産管財人の選任を証する書面，または破産法人の登記事項証明書が該当します。この書面は，作成後3か月以内のものに限ります。

③ 破産管財人の印鑑証明書

　破産管財人の印鑑証明書としては，裁判所書記官の証明に係る印鑑証明書，破産法人の本店の所在地を管轄する法務局の登記官の証明に係る印鑑証明書，または，破産管財人の住所地の市区町村長が証明した印鑑証明書，のいずれかを提供します。この印鑑証明書は，いずれも作成後3か月以内のものに限

ります。
④　裁判所の売却許可書

　　この許可書があれば，登記義務者の登記識別情報（登記済証）は不要です。
⑤　買主の住所を証する情報

　　買主の住民票の写し，もしくは戸籍の附票，法人の場合は当該法人の登記事項証明書もしくは代表者事項証明書。
⑥　買主が法人の場合は，法人の代表者の資格証明情報

　　代表者事項証明書または法人の登記事項証明書が該当します。なお，⑤の法人の証明書が発行後3か月以内であれば，この代表者の資格証明情報を兼ねることができます。
⑦　代理人によって登記を申請する場合には委任状
⑧　物件の評価証明書

QUESTION 14　民事再生

民事再生法が適用されている株式会社が所有する不動産を購入するためには，どのような手続きによるのか。

ANSWER

民事再生法の適用がある株式会社であっても，取締役（代表取締役）は業務遂行および財産の管理処分権限を失いません。なお，財産の処分などにつき監督委員が選任されているときは，原則として，監督委員の同意を得なければなりません。

解説

(1) 取締役の地位と売買行為

民事再生手続では，民事再生法の適用を受ける株式会社の取締役，執行役および監査役は，原則として，業務遂行および財産の管理処分権限を失いません（民再38①）。しかし，通常は民事再生手続開始の申立て後に監督命令が発せられるため，取締役は，財産の処分や譲受けなど裁判所が定めた一定の重要な事項を行うときは，監督委員の同意を得なければなりません（民再54①②）。この場合には，代表取締役は，監督委員の同意を得た上で，不動産の売買行為，所有権移転登記手続を行うことができます。この点は，破産手続の場合と異なっています（破産手続では，破産財団に属する財産の管理処分権限は破産管財人に専属します）。

なお，例外的に，裁判所が，「再生債務者の財産の管理または処分が失当であるとき，その他再生債務者の事業の再生のために特に必要があると認めるとき」には，再生手続開始決定前には保全管理命令を，再生手続開始決定後であ

れば管理命令を発令して，保全管理人ないし管財人を選任することがあります。この場合には，業務遂行および財産の管理処分権限は保全管理人ないし管財人に専属することとなります（民再66・81）。

(2) 監督委員の同意

監督委員とは，再生債務者の業務遂行および財産の管理の監督を行う監督機関です。裁判所が監督委員の同意を要する事項として定めた一定の事項につき，再生債務者が業務遂行および財産の管理処分をする場合は，監督委員の同意を得なければなりません。

監督委員の同意を得なければならない事項は，再生債務者が株式会社である場合には，当該株式会社の登記簿に記載されます。したがって，再生債務者である株式会社から不動産を買い受けようとする場合は，当該株式会社の登記事項証明書を取得すれば監督委員の同意事項がわかります。監督委員の同意を得ないでした再生債務者の行為は無効とされますが，善意の第三者に対抗することはできません（民再54④）。監督委員の同意を得たことを証する情報（書面）は，所有権移転登記の添付情報となります。

> 【監督委員の同意事項の例】
> 　再生債務者が次に掲げる行為をするには，監督委員の同意を得なければならない。ただし，再生計画認可決定があった後は，この限りでない。
> (1)　再生債務者が所有又は占有する財産に係る権利の譲渡，担保権の設定，賃貸その他一切の処分（常務に属する取引に関する場合を除く）

(3) 所有権移転登記の添付情報

民事再生株式会社から不動産を買受ける場合の所有権移転登記の添付情報（添付書類）は，次のものです。

① 登記原因証明情報

　登記原因証明情報には，原則として，登記権利者（買主）と登記義務者（売主）の記名押印が必要ですが，登記義務者のみの記名押印があれば登記の申

請は受理されます。登記義務者として記名押印する者は，原則として，株式会社の代表取締役です（例外は(1)を参照）。

② 再生会社の代表取締役の印鑑証明書
　この印鑑証明書は，作成後3か月以内のものに限ります。

③ 再生会社の代表取締役の資格証明情報
　法人の代表者事項証明書または登記事項証明書。作成後3か月以内のものに限ります。

④ 監督委員の同意書
　監督委員の同意を要する場合に提供します。この同意書には監督委員の資格証明情報（再生債務者の登記事項証明書）および裁判所書記官の証明に係る印鑑証明書を添付します。

⑤ 買主の住所を証する情報
　買主の住民票の写し，もしくは戸籍の附票，法人の場合は当該法人の登記事項証明書もしくは代表者事項証明書。

⑥ 買主が法人の場合は，法人の代表者の資格証明情報
　代表者事項証明書または法人の登記事項証明書が該当します。なお，⑤の法人の証明書が発行後3か月以内であれば，この代表者の資格証明情報を兼ねることができます。

⑦ 代理人によって登記を申請する場合には委任状

⑧ 物件の評価証明書

農　地

QUESTION 15　農地を売買するためには，農地法の許可を要するか。

ANSWER
　農地の売買は，農地法所定の許可を受けなければ，売買契約の効力が生じません。

解説

(1) 農地とは

　農地法でいう「農地」とは，「耕作の目的に供される土地」をいいます。「耕作」とは，土地に労働および資本を投じ肥培管理を行って作物を栽培することをいいます。「肥培管理」とは，作物の生育を助けるための農作業一般をいい，その土地に施される耕うん，整地，播種，灌漑，排水，施肥，農薬散布，除草等の一連の人為的作業の総称であり，「肥培」といっても，必ずしも，施肥を要件とするものではありません。したがって，果樹園，牧草栽培地，苗ほ，わさび田，はす田等も作物の生育を助けるための農作業が行われている限り，農地となります。農地であるかどうかの判断は，その土地の事実状態に基づいて客観的にそれが「耕作の目的に供される土地」であるかどうか判断すべきであり，その土地の所有者の取得目的や将来の使用目的は関係がありません。

　不動産登記事務の取扱いを定める不動産登記事務取扱手続準則は，「田」とは，農耕地で用水を利用して耕作する土地，「畑」とは，農耕地で用水を利用しないで耕作する土地と定めています（不登準68）。

(2) 農地法による制限の概要

　農地を売買するためには，農地法で定められた許可を得る（一定の場合には，許可ではなく届出をする）ことが必要です。農地の所有権などの権利移動，転用

の制限などは，農地法3条，4条および5条で規定されています。この各条の権利移動，許可権者の概要を表にすると次のようになります。

制限の概要

農地法	権利移動・転用等	許可権者
3条	農地のままで権利変動をする	農業委員会・知事
4条	権利変動を伴わないで自己転用（所有権を移転しないで，農地を農地以外のものに）する	知事・農林水産大臣
	市街化区域内にある農地を，権利変動を伴わないで自己転用する場合は届出をする	農業委員会に届出
5条	転用（農地を農地以外のものにする）目的で権利変動する	知事・農林水産大臣
	市街化区域内にある農地を農地以外のものにするために，権利変動する	農業委員会に届出

　農地を目的とする売買契約を締結する場合は，売買契約の特約条項に，農地法3条1項（農地のままで所有権移転する場合）または5条1項（農地を農地以外のものにする場合）の規定による知事の許可を得ることを条件とする旨の記載をするのが一般的です。この農地法上の許可を受けない場合は，農地の売買契約の効力は生じません（農地3④・5③）。なお，市街化区域内にある農地を農地以外のものにするために所有権を移転する場合は，農業委員会に届出をすることが必要であり，この届出が受理されなければ農地の売買契約の効力は生じません（農地5③）。

QUESTION 16 　購入者の名義

居住用の土地と建物の購入をする場合に，その名義を誰にするかについて注意すべきことは何か。

ANSWER

購入する不動産の名義は，その購入資金を拠出した者にすべきです。

解説

　購入する不動産の名義は，居住用・非居住用および土地・建物であるかを問わず，原則として，その購入資金を拠出した者にすべきです。もし，安易に，購入資金を拠出していない者の名義にしますと，この者に対して贈与税が課税されるおそれがあります。なお，法務局では，登記原因証明情報に，買主ＡとＢが売主Ｃと売買契約を締結し，売買代金全額の支払いと同時に所有権が移転した，と記載すれば，申請どおりの持分にてＡとＢの共有名義の登記が受理されます。登記申請の段階では購入資金の出どころについて登記官の調査はされませんが，贈与税の課税面では注意が必要です。

登記名義の付け方の例

（イ）　買主Aが，単独で購入資金を出した場合

全額資金を出した　　　　　　所有権の登記名義は
　　　　　　　　　　　　　　Aとする

（ロ）　買主AとBが，購入資金を各2分の1出した場合

1/2の資金を出した

1/2の資金を出した　　　　　所有権の登記名義は
　　　　　　　　　　　　　　Aを1/2
　　　　　　　　　　　　　　Bを1/2　とする

（注）　いずれの場合も，住宅ローンなどの借入れをするときは，借主（返済者）の所有権登記名義にする。たとえば，Aが，4,000万円の不動産を，自己資金1,000万円，住宅ローン借入れ（債務者A）3,000万円で購入するときは，Aの単独名義にする。

　贈与税の課税制度には，「暦年課税」と「相続時精算課税」の2つがあります。「暦年課税」は，1月1日から12月31日までの1年間に110万円までの贈与については課税しないとするものです。「相続時精算課税」は，適用対象者を，贈与する者は65歳以上の親，贈与を受ける者はその親の推定相続人である20歳以上の子（子が亡くなっているときには20歳以上の孫）とされています。相続時精算課税を受けるための要件，計算方法などについては，国税庁のホームページ（http://www.nta.go.jp/）を参照してください。

　また，夫婦間の居住用不動産を取得するための金銭の贈与については，贈与税が，基礎控除110万円のほかに最高2,000万円まで控除できるという「配偶者控除」の制度もあります。この詳細については，上記国税庁のホームページを参照してください。

住宅ローンの抵当権設定登記の例

住宅ローンの抵当権設定登記がされている登記事項証明書は，次のようになります。

権　利　部（乙区）　　（所有権以外の権利に関する事項）			
順位番号	登記の目的	受付年月日・受付番号	権利者その他の事項
1	抵当権設定	平成22年5月10日 第○号	原　因　平成22年5月10日 　　　　金銭消費貸借同日設定 債権額　金2000万円 利　息　年2.0% 損害金　年14% 債務者　○市○町○丁目○番地 　　　　A 権利者　○市○町○丁目○番地 　　　　株式会社B銀行

　これは，Aが，平成22年5月10日にB銀行から2,000万円を借りて，同日に抵当権設定契約をした例です。毎月の返済額や返済期日は登記事項ではありません。

　なお，住宅ローンでは，登記の原因が「平成○年○月○日保証委託契約による求償債権の同日設定」，権利者「○市○町○丁目○番地　C信用保証株式会社」と登記されている例が多くあります。これは，債務者Aが，ある金融機関から住宅ローンの融資を受けて，C信用保証株式会社がAの借入れの保証人となっていることを表すものであり，C信用保証株式会社が保証人としてAの借入債務を金融機関に返済することに備えて，その担保として抵当権設定登記をしたものです。

名義の訂正

QUESTION 17　不動産の購入代金は夫が全額拠出したが，登記名義は夫持分2分の1，妻持分2分の1として登記した。妻の持分全部を夫名義に戻すには，どのようにすべきか。

ANSWER

登記名義を訂正する方法には，「錯誤」を原因として登記名義人を更正する方法と，「真正な登記名義の回復」を原因として所有権移転登記をする方法とがあります。各方法には，一長一短があります。

解説

(1) 「錯誤」を原因として登記名義人を更正する方法

　所有権の登記名義人に誤りがある場合に，錯誤を原因として登記名義人を訂正する登記のことを更正登記といいます。更正登記の登録免許税は，不動産1個につき1,000円です。(2)の真正な登記名義の回復を原因とする登記より，登録免許税が安いというメリットがあります。

　しかし，更正登記をしようとする不動産全体または妻のみの持分に抵当権設定登記がされている場合には，当該抵当権者の承諾書が必要となります（登記上利害関係を有する者は，更正登記の利害関係人となります）。

　この方法は，次の図のように表すことができます。

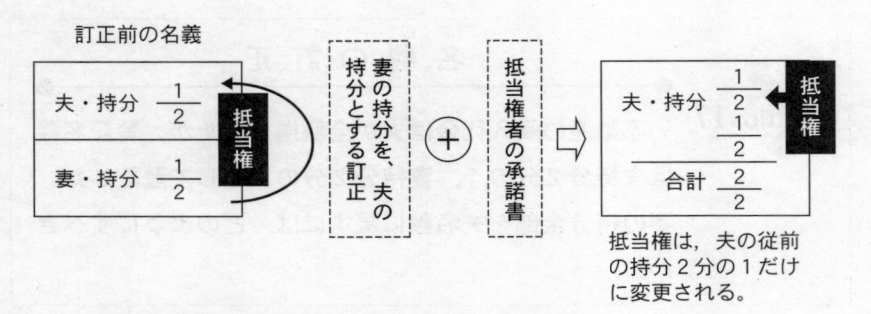

訂正前の名義　　　妻の持分を、夫の持分とする訂正　＋　抵当権者の承諾書　⇒　夫・持分 1/2、1/2　合計 2/2

抵当権は，夫の従前の持分2分の1だけに変更される。

(2) 「真正な登記名義の回復」を原因として所有権移転登記をする方法

　この方法は(1)の方法のように更正登記をするのではなくて，妻の持分全部（2分の1）を夫に移転させる方法です。このメリットは，住宅ローンなどの抵当権設定登記がされていても（登記上利害関係を有する第三者の登記があっても），この登記を付けたままで，所有権の登記名義人を訂正できることにあります。①抵当権者などの登記上利害関係を有する第三者の登記がされた後に，②妻の持分全部を夫に持分移転させる登記をしても，②の登記は①の登記に対抗できません。要するに，第三者の登記がくっついたままで，夫は新たに所有権を取得することになります。この場合には対抗できない結果，①の抵当権の競売により，②で取得した夫の所有権は，吹っ飛ぶ（抹消される）ことになります。

　真正な登記名義の回復を原因とする所有権（持分）移転登記の登録免許税は，評価証明書の額（1,000円未満切り捨て）の1,000分の20です。通常は，(1)の場合より高額な登録免許税を納付することになります。

　この方法は，次の図のように表すことができます。

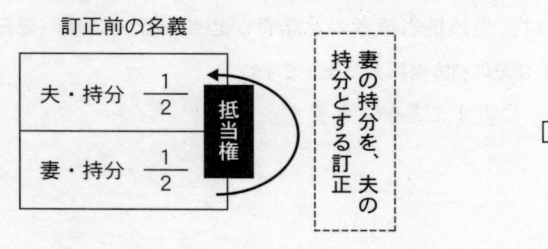

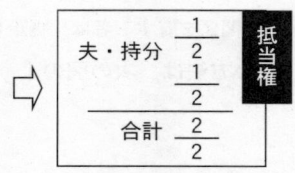

訂正前の名義　　　妻の持分を、夫の持分とする訂正　⇒　夫・持分 1/2、1/2　合計 2/2

抵当権は，ついたままで，妻の持分を移転することになる。

第3章

不動産登記Q&A ［相続編］

QUESTION 1 　相　続　と　は

「相続」とは，どのような意味か。

ANSWER

人の死亡により，その死亡者が有していた法律上の地位は，当然に，相続人へ移ります。これを相続といいます。

解説

人が死亡すると，死亡者が有していた法律上の地位が，当然に，相続人へ移ります。これを相続といいます。

死亡して相続される人のことを「被相続人」といい，被相続人を相続する人を「相続人」といいます。相続は，死亡によって開始します。

相続の開始により相続する財産は，積極財産（現金，不動産，株券など）だけではなく，消極財産（借金，登記履行義務など）も対象となります。ただし，被相続人の一身に専属したものは，相続人に承継されません。「被相続人の一身に専属したもの」とは，一般に「一身専属権」と言われ，被相続人の人格，才能や地位と密接不可分の関係にあります。たとえば，雇用契約上の労働債務，芸術作品を制作する債務，扶養請求権，生活保護受給権などがあります。

なお，系譜（家系図），祭具（仏壇仏具・位牌・神棚など）および墳墓の所有権は，当然に相続人が相続するのではなく，次の順序によります（民897）。①被相続人の指定に従って祖先の祭祀を主宰すべき者があるときは，その者が承継する，②被相続人の指定がないときは，慣習に従って祖先の祭祀を主宰すべき者が承継する，③慣習が明らかでないときは，家庭裁判所が定める。

QUESTION 2　家督相続・遺産相続

家督相続，遺産相続とは，どのような相続か。

ANSWER

　家督相続および遺産相続は，旧民法上の相続の種類です。家督相続とは，戸主の死亡，隠居などがあった場合に生じる相続で，相続人は1人に限られていました。遺産相続とは，家族（戸主以外の同籍者）の死亡により，その者に属した財産上の権利義務の相続をいい，相続人の数は2名以上のときもあります。

解説

　現在の民法は，単に「相続」と規定していますが，昭和22年5月3日に「日本国憲法の施行に伴う民法の応急的措置に関する法律」（以下「応急措置法」といいます）が施行されるまでは，旧民法（明治31年7月16日から昭和22年5月2日まで施行された民法）には，家督相続と遺産相続という相続の種類が規定されていました。家督相続および遺産相続は，明治31年7月16日から昭和22年5月2日まで開始した相続について行われます。概要は次のとおりです。

(1)　**家督相続**

① 　概　　説

　旧民法上，家督とは，戸主(注1)の身分に伴うすべての権利義務を指していました。家督相続とは，戸主である者がいなくなった場合，すなわち，戸主

（注1）　戸主とは，旧民法の家制度における家（戸主および家族より構成）の長の名称です（法令用語研究会編『有斐閣法律用語辞典　第3版』495頁（有斐閣））。現行民法では，戸主制度は廃止されています。

の死亡または隠居（注2）などがあった場合に生じる相続です。現行民法の相続発生原因は死亡のみに限られていますが、旧民法では、家督相続の開始原因は次のように規定されていました。

イ　戸主の死亡、隠居または国籍喪失

ロ　婚姻または養子縁組により他家から入った戸主が、婚姻または養子縁組の取消しによって、その家を去ったとき

ハ　女戸主の入夫婚姻または入夫戸主の離婚

　上記のような家督相続の原因が生じた場合には、原則として、旧民法で定められた推定家督相続人（嫡出子で最年長の男子）が、第1順位で家督相続人となります。第2順位以下の推定家督相続人については、旧民法の970条以下に規定されていました。家督相続人は1人に限られています。

② 家督相続登記の添付情報

　旧民法の規定によって家督相続人となったのにもかかわらず、その相続登記をしていない場合は、現在でも家督相続の登記を申請することができます。

　家督相続を原因として所有権移転登記をする場合の添付情報は、次のとおりです。

イ　登記原因証明情報

　家督相続の開始および家督相続人が何人であるかの記載がある（除）戸籍謄（抄）本、家督相続人の戸籍謄（抄）本が該当します。

ロ　家督相続人の住所を証する情報

　家督相続人の住民票の写しまたは戸籍の附票を提供します。

ハ　代理権限証書

　代理人によって登記の申請をする場合は委任状を提供します。

ニ　評価証明書

　登録免許税の算出のために提供します。

（注2）　隠居とは、旧民法の法制では、戸主が生前に家督を相続人に譲る行為をいいます。戸主は、満60歳になると隠居をすることができました。

(2) 遺産相続
① 概　　説
　遺産相続とは，家族（戸主以外の同籍者）の死亡により，その者（被相続人）に属した財産上の権利義務の承継（相続）をいいます。ただし，被相続人の一身に専属したものは承継しません。
　遺産相続人となる順位は次のとおりです（直系卑属などの意味は87頁のＱ４参照）。
　　第１順位　直系卑属
　　第２順位　配偶者
　　第３順位　直系尊属
　　第４順位　戸主
　家督相続の場合は相続人は１人ですが，遺産相続の場合は同順位者があれば全員が共同で相続人となります。同順位の相続人が数人あるときは，その相続分は等分とされます。ただし，嫡出でない子の相続分は嫡出子の２分の１とされています。
② 遺産相続登記の添付情報
　旧民法の規定によって遺産相続人となったのにもかかわらず，その相続登記をしていない場合は，現在でも遺産相続の登記を申請することができます。
　遺産相続を原因として所有権移転登記をする場合の添付情報は，次のとおりです。
　イ　登記原因証明情報
　　遺産相続の開始および遺産相続人が何人であるかの記載がある(除)戸籍謄(抄)本など，現行の相続登記と同様の取扱いとなります（→119頁Ｑ14参照）。
　ロ　遺産相続人の住所を証する情報
　　遺産相続人の住民票の写しまたは戸籍の附票を提供します。
　ハ　代理権限証書
　　代理人によって登記の申請をする場合に提供します。

ニ　評価証明書
　　登録免許税の算出のために提供します。

QUESTION 3　相続の適用法令

相続をした時期によって，相続の適用法令が違うか。

ANSWER

　明治時代から今日に至るまで，相続を定める法令は民法です。民法は改正を重ねているので，相続の開始時期により適用法令が異なり，相続権の有無，法定相続分などが異なります。

解説

　現在の民法の規定では，相続は，死亡によってのみ開始します。しかし，Q2で述べましたように昭和22年5月2日までの相続は，死亡の他に，家督を相続することによっても相続が開始していました。相続は，相続の開始時期の法令（民法）が適用される結果，相続人となれる者，相続人の法定相続分が異なっています。これを図表にすると次のようになります。

法定相続分の変遷

相続開始の時期	適用法律	備考
明治31.7.16～昭和22.5.2	旧民法	相続の形態は，家督相続・遺産相続
昭和22.5.3～昭和22.12.31	応急措置法	家督相続・遺産相続の制度の廃止 法定相続分（注） 　第1順位　配偶者 $\frac{1}{3}$　子 $\frac{2}{3}$ 　第2順位　配偶者 $\frac{1}{2}$　直系尊属 $\frac{1}{2}$ 　第3順位　配偶者 $\frac{2}{3}$　兄弟姉妹 $\frac{1}{3}$
昭和23.1.1～昭37.6.30	民法	
昭37.7.1～昭55.12.31	民法	
昭56.1.1～現在	民法	法定相続分 　第1順位　配偶者 $\frac{1}{2}$　子 $\frac{1}{2}$ 　第2順位　配偶者 $\frac{2}{3}$　直系尊属 $\frac{1}{3}$ 　第3順位　配偶者 $\frac{3}{4}$　兄弟姉妹 $\frac{1}{4}$

（注）　昭和22年5月3日から昭和55年12月31日までの間は，法定相続分についての改正はありません。

以下のQでは，昭和56年1月1日以後に開始した相続について述べます。

QUESTION 4 配偶者・直系尊属・直系卑属

配偶者・直系尊属・直系卑属とは，どのような者をいうのか。

ANSWER

夫婦の一方からみた他方を配偶者，直系の血族関係にある自分より前の世代に属する者（父母など）を直系尊属，直系の血族関係にある自分より後の世代に属する者（子など）を直系卑属といいます。

解説

相続の説明では，配偶者，直系尊属および直系卑属という用語がよく出てきますが，次のような意味です。

(1) 配偶者

配偶者とは，戸籍法の規定により婚姻の届出をした夫婦の一方からみた他方をいいます。たとえば，夫から見れば妻は配偶者であり，妻から見れば夫は配偶者となります。妻のことを配偶者と言うのではありません。内縁の関係にある男女は，互いに相手方を配偶者と言いません。

配偶者の身分は，婚姻の解消（離婚，夫婦の一方の死亡）または取消し（婚姻ができる年齢に達していない，あるいは重婚にもかかわらず誤って婚姻届出が受理された場合などにおける取消し）によって失われます。

(2) 直系尊属

直系尊属とは，自分からみて直系の血族関係にある尊属（自分より前の世代に属する者）をいい，父母，祖父母，曾祖父母などが該当します。なお，おじ（伯父・叔父）・おば（伯母・叔母）などは，傍系尊属と言います。

(3) 直系卑属

直系卑属とは，自分からみて直系の血族関係にある卑属（自分より後の世代に属する者）をいい，子，孫，曾孫などが該当します。養子も直系の血族になります（養子縁組により生じた血族であるため法定血族といいます）。なお，甥・姪などを傍系卑属といいます。

親族・親等の図

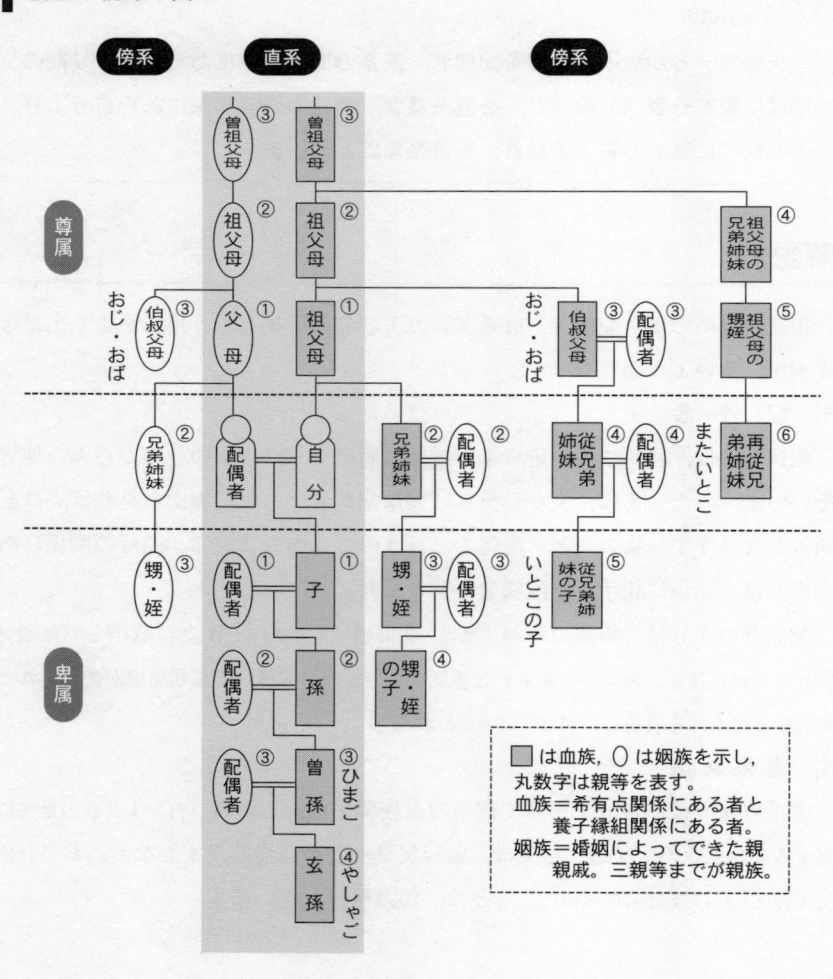

（図：親族・親等を示す系図。傍系／直系／傍系に分かれ，尊属・卑属の区分が示されている。）

- 曾祖父母 ③
- 祖父母 ②
- 父母 ① ／ 伯叔父母 ③（おじ・おば）
- 自分／配偶者／兄弟姉妹 ②／配偶者 ②
- 伯叔父母 ③／配偶者 ③／祖父母の兄弟姉妹 ④
- 従兄弟姉妹 ④／配偶者 ④／祖父母の甥姪 ⑤
- 甥・姪 ③／配偶者 ③／またいとこ（再従兄弟姉妹）⑥
- 子 ①／配偶者 ①／甥・姪 ③／配偶者 ③／従兄弟姉妹の子（いとこの子）⑤
- 孫 ②／配偶者 ②／甥・姪の子 ④
- 曾孫（ひまご）③／配偶者 ③
- 玄孫（やしゃご）④

凡例：■は血族，○は姻族を示し，丸数字は親等を表す。
血族＝希有点関係にある者と養子縁組関係にある者。
姻族＝婚姻によってできた親親戚。三親等までが親族。

- 88 -

第3章　不動産登記Q&A［相続編］

QUESTION 5　法定相続人

法定相続人，推定相続人とは，どのような意味か。

ANSWER

法定相続人とは，民法の規定により，相続が開始した場合に相続人となることができる一定の範囲の者をいいます。推定相続人とは，相続が開始した場合に相続人となるべき者をいいます。

解説

(1) 法定相続人

相続が開始した場合に，その被相続人を相続することができる者は民法で規定されています。被相続人の親族全員が相続人となるわけではありません。民法の規定によって相続人となることができる者を法定相続人といい，①直系卑属，②直系尊属，③兄弟姉妹の順序で相続人となります。配偶者は，①～③の相続人と同順位で，常に相続人となります。相続人となる順位については，99頁のＱ7を参照。

(2) 推定相続人

推定相続人とは，相続が開始した場合に相続人となるべき者をいいます。配偶者は他の相続人とともに常に相続人となるので，常に推定相続人となります。たとえば，被相続人に子と配偶者がある場合には，子と配偶者が推定相続人となります。なお，推定相続人が相続欠格・廃除（→110頁Q11）によって相続人となることのできる資格を失ったときは，推定相続人でなくなります（代襲相続が開始する場合があります（→90頁Ｑ6））。

— 89 —

QUESTION 6　代襲相続

代襲相続とは，どのようなことか。

ANSWER

　被相続人の死亡以前に，その子または兄弟姉妹が，死亡，相続欠格または廃除により相続権を失った場合に，その者の直系卑属が，その者が受けるべき相続分を相続することをいいます。

解説

(1) 代襲相続とは

　代襲相続の例を1つあげます。被相続人Aが死亡する以前に，被相続人の子Cが死亡していた場合，Cに子D（Aの孫）が生存していれば，亡Cに代わって，Dが，Cが相続すべきであった相続分を相続することができます。このような相続を代襲相続といい，Dは代襲相続人となります。

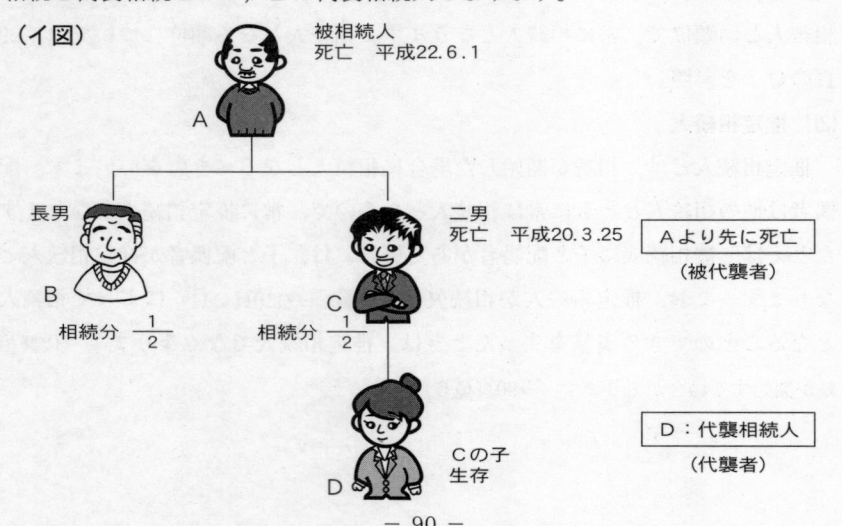

（イ図）

A　被相続人　死亡　平成22.6.1

B　長男　相続分 $\frac{1}{2}$

C　二男　死亡　平成20.3.25　Aより先に死亡（被代襲者）　相続分 $\frac{1}{2}$

D　Cの子　生存　D：代襲相続人（代襲者）

— 90 —

上記で代襲相続の例をあげましたが,「代襲相続」を正確に言うと次のようになります。

代襲相続とは,被相続人の死亡以前に,推定相続人（相続が開始した場合に相続人となるべき者をいう）である子または兄弟姉妹（被代襲者）が,死亡,相続欠格または廃除（→110頁Q11）により相続権を失った場合に,その者（被代襲者）の直系卑属（兄弟姉妹の場合は傍系卑属）が,被代襲者に代わって,被代襲者が受けるべき相続分を相続することをいいます。

代襲相続をするためには,被相続人Aの相続開始の時に,代襲相続人Dが生存し,もしくは胎児として存在することが必要です。また,被相続人Aの子であるCの子D（Aの孫）が代襲相続人となるためには,Dが被相続人の直系卑属でなければなりません。したがって,被相続人Aの子CがAの養子である場合に,AとCとの養子縁組前に生まれたCの子X（いわゆる連れ子）は,Aとは法定血族関係にないため直系卑属となりません。

（口図）

被相続人 A
死亡　平成22.6.1

実子 B

養子 C
養子縁組　昭和50.5.5
死亡　　　平成20.3.25

Cの子 D
ＡＣの養子縁組前に生まれた子。Dは,Aと養子縁組をしていないので（法律上,Aの孫でない）,代襲相続人になれない。

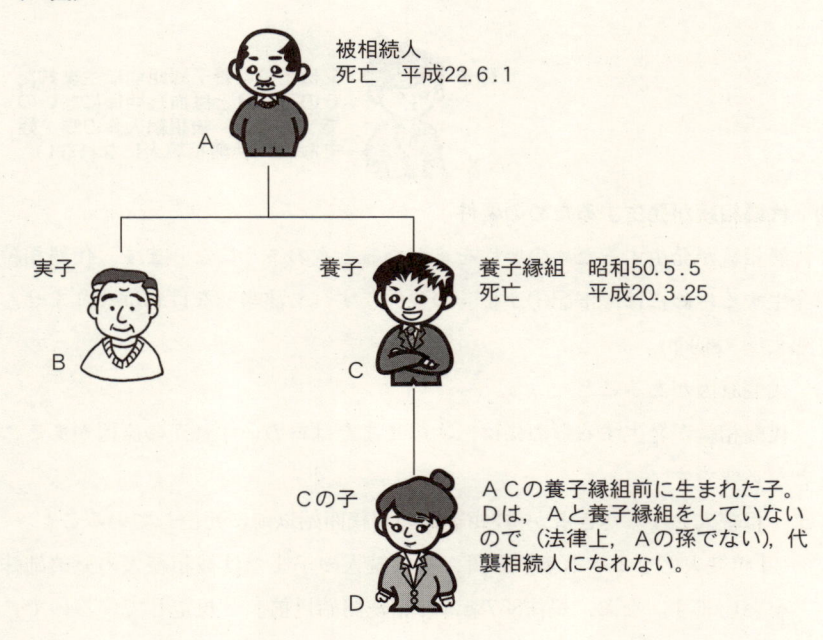

兄弟姉妹が被代襲者となる場合とは、第1順位および第2順位の相続人が存在しないために、被相続人の兄弟姉妹が第3順位者として相続人になる場合です。兄弟姉妹の子Xが代襲相続できるためには、Xが被相続人の傍系卑属（（ハ図）でいえば、被相続人Bの甥・姪）であることが必要です。

（ハ図）

父母はBより先に死亡

父　母

実子
被相続人
死亡
平成22.6.1
B

養子
Bの相続人
父母と養子縁組　昭和50.5.5
死亡　平成20.3.25
C

Cの子
X

父母とCの養子縁組前に生まれたCの子。Bとは血縁関係にないので（法律上、被相続人Bの甥・姪でない）、代襲相続人になれない。

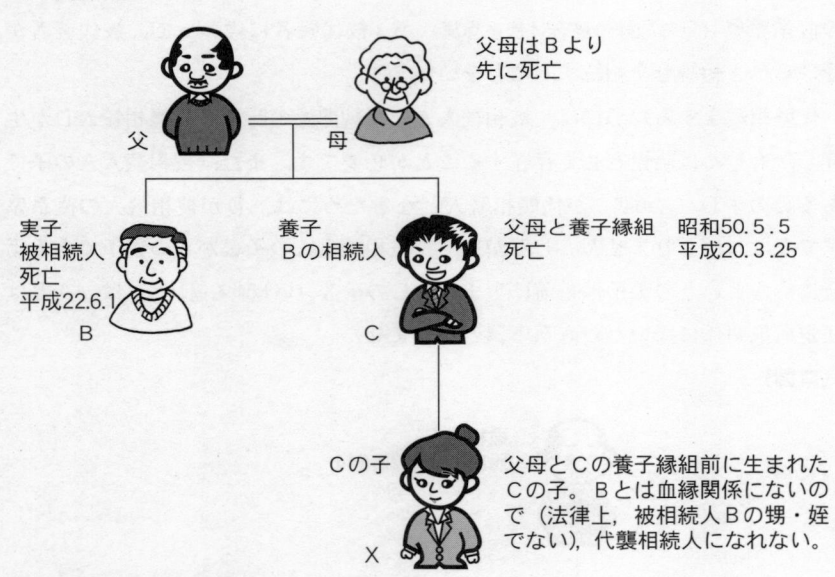

(2) 代襲相続が発生するための要件

代襲相続が発生するための要件をまとめると次のようになります。代襲相続が発生するためには、下記①から⑤の要件にすべて該当しなければなりません（民887②・889②）。

① 代襲原因があること

代襲相続が発生するためには、次のイまたはロのいずれかの原因があることが必要です。

イ　相続人となるべき者が、被相続人の相続開始以前に死亡していること。

「相続人となるべき者」とは、被相続人の子または被相続人の兄弟姉妹をいいます。なお、民法887条は「相続開始以前」と規定しているので、

被相続人と相続人となるべき者(被相続人の子または被相続人の兄弟姉妹)とが，同時死亡した場合も含まれます。
ロ　相続人となるべき者が，相続欠格または相続人の廃除によって，相続権を失っていること。

　　相続人の廃除の対象となる者は，遺留分（121頁Q15）を有する推定相続人に限られる（民892）ので，被相続人の兄弟姉妹は廃除することができません。
　　＜参考＞　相続の放棄は，代襲相続の発生原因ではありません。
② 代襲される者は，被相続人の子または被相続人の兄弟姉妹であること
　　代襲される者（被代襲者）は，被相続人の子または被相続人の兄弟姉妹でなければなりません。被相続人の直系尊属（被相続人の父母・祖父母など）または被相続人の配偶者が，被相続人より前に死亡していても（同時死亡を含みます），代襲相続は発生しません。
③ 代襲者は，被相続人の孫以下の直系卑属または兄弟姉妹の子であること
　イ　被相続人の子が，相続するべきであった場合
　　　この場合は，被相続人の直系卑属（被代襲者の子であって，かつ，被相続人の孫）が，被代襲者を代襲して相続します。代襲者は，被相続人の直系卑属であることが必要です。たとえば，被相続人Aと被代襲者Cとが養子縁組によって養親・養子の関係にある場合に，ACの養子縁組前に生まれたCの子D（連れ子）は，AとDとの間で法定血族関係（実の親子のように血はつながっていないが，養子縁組の効果として親族関係を認めること）にないから，DはCを代襲してAを相続することはできません。これに対して，AとCとの養子縁組後に生まれたCの子Eは，Aと法定血族関係にある（法律上，Aの孫になります）ので，Cを代襲してAを相続することができます。

代襲相続できない図

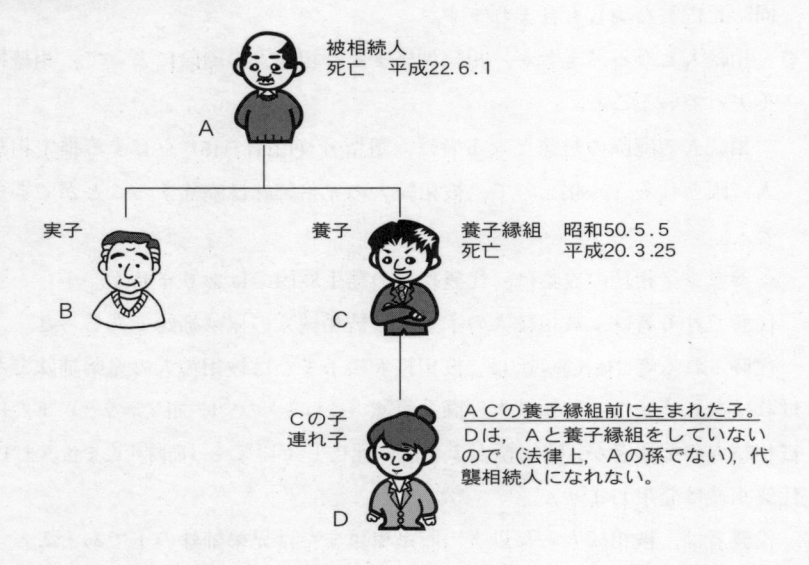

被相続人
A
死亡　平成22.6.1

実子 B

養子 C
養子縁組　昭和50.5.5
死亡　平成20.3.25

Cの子
連れ子
D

<u>ACの養子縁組前に生まれた子。</u>
Dは、Aと養子縁組をしていないので（法律上、Aの孫でない）、代襲相続人になれない。

代襲相続できる図

被相続人
A
死亡　平成22.6.1

実子 B

養子 C
養子縁組　昭和50.5.5
死亡　平成20.3.25

Cの子
D

<u>ACの養子縁組後に生まれた子。</u>
AとDとは法定血族関係にあり、DはCを代襲して、Aの相続人となる。

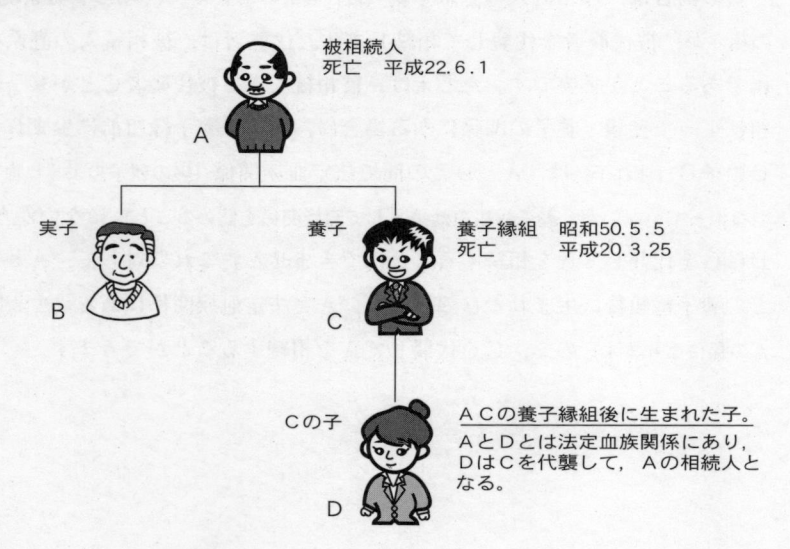

ロ　被相続人の兄弟姉妹が，相続するべきであった場合

　　兄弟姉妹の子Ｘが代襲相続できるためには，Ｘが被相続人の傍系卑属，すなわち前掲（ハ図）でいえば，被相続人Ｂの甥・姪であることが必要です。

④　代襲相続する者は，被相続人・被代襲者に対して相続権を失っていないこと

　　たとえば，被相続人Ａ，Ａの子Ｂ（被代襲者）がＡより前に死亡し，Ｂに子Ｃ（被相続人Ａの孫＝代襲者）があるとした場合，代襲者（代襲相続する者）Ｃは，被相続人Ａに対する関係においても，また被代襲者Ｂに対する関係においても，相続欠格事由に該当あるいは相続人の廃除がされていないことが必要です。

⑤　代襲者は，相続開始時に少なくとも胎児として存在していること

　　代襲者（代襲相続人）となる者Ｃは，被代襲者Ｂが相続権を失ったときに存在していることは必要でないが，被相続人Ａの相続開始の時に存在していることが必要です（胎児を含みます）。

(3) **再代襲相続**

　子の場合には再代襲があります。たとえば，被代襲者・亡Ｃの直系卑属であるＤも被相続人Ａの死亡より以前に死亡している場合に，亡Ｄに直系卑属の子Ｅ（Ａの曾孫）が生存していれば，Ｅが代襲相続人となります。Ｄの死亡が被相続人Ａの死亡以前であれば，Ｃの死亡よりも先か後かは関係がありません。Ｅが死亡していれば，さらにＥの子へと代襲相続されます。

　しかし，兄弟姉妹の場合には，兄弟姉妹の子（被相続人Ａの甥・姪）までしか代襲相続をすることができません。甥・姪が死亡していても，甥・姪の子が再代襲することはありません。

子の再代襲

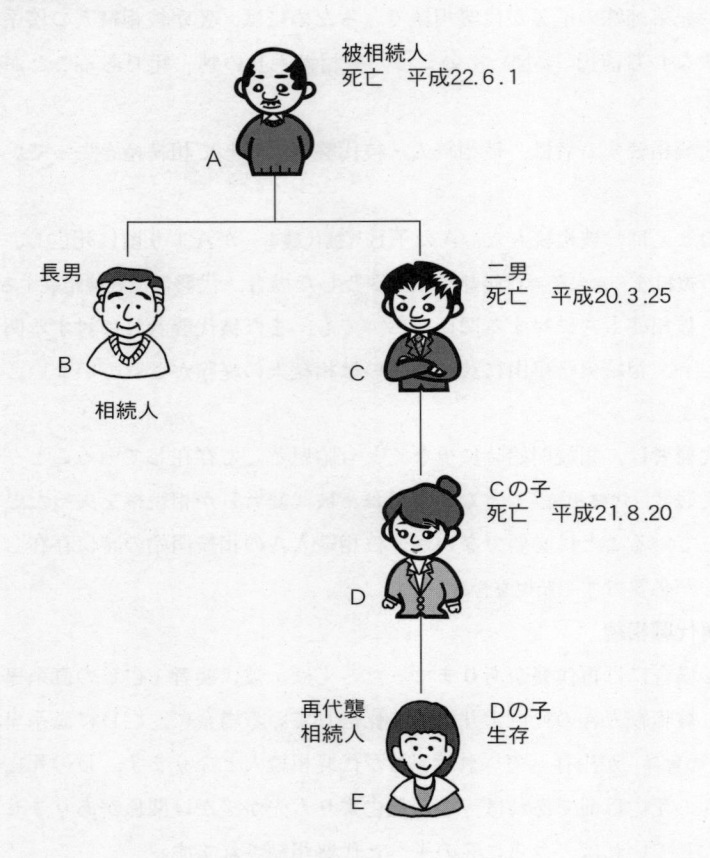

被相続人
死亡　平成22.6.1
A

長男
B
相続人

二男
死亡　平成20.3.25
C

Cの子
死亡　平成21.8.20
D

再代襲
相続人
Dの子
生存
E

兄弟姉妹の代襲相続

（図：家系図）
- 父母はBより先に死亡
- 被相続人 死亡 平成22.6.1 … B
- 死亡 平成20.2.3 … C、C妻
- 兄弟姉妹の子D（被相続人Bの甥・姪）は，代襲相続できる。 … D、D妻
- Dが死亡していても，Dの子Eは，代襲相続できない。 … E

(注)① 被相続人が兄弟姉妹の場合に，Eが再代襲相続できないのは，生活関係が希薄な者にまで相続関係を広げると相続関係が複雑となることと，「笑う相続人」を産むからです。
② 被相続人が兄弟姉妹の場合に，再代襲相続ができないのは昭和56年1月1日以後に開始した相続についてです。

(4) 相続欠格・廃除と代襲相続

相続人となるべき者（推定相続人）Bが被相続人Aの死亡以前に死亡していたときは，被相続人Aの直系卑属（被相続人Aの子Bが推定相続人（相続が開始した場合に相続人となるべき者）である場合はBの子C＝Aの孫），または傍系卑属（被相続人Aの兄弟姉妹Dが推定相続人である場合はDの子E＝Aの甥・姪）が代襲相続します。

また，被相続人Aの子Bが相続欠格事由に該当する場合，または相続人の廃除によって相続権を失っている場合も，Bの子Cが代襲相続します。被相続人

Aの兄弟姉妹Dが相続欠格事由に該当する場合も，代襲相続が発生します。しかし，兄弟姉妹にあっては，相続人の廃除は代襲相続が生じません。

QUESTION 7 相続人となる順位・法定相続分

相続人となる順位および法定相続分は，どのように決められているか

ANSWER

相続人となることができる順位は，①直系卑属，②直系尊属，③兄弟姉妹の順序です。配偶者は，①～③の相続人と同順位で，常に相続人となります。法定相続分については［解説］を参照。

解説

(1) 相続人となる順位

相続人となることができる順位は，次のとおりです。

① 第1順位

第1順位の相続人は，被相続人の子です（代襲相続あり）。子には，実子と養子が含まれます。被相続人の死亡以前に，被相続人の子Bが死亡しているときは，Bの子Cが代襲相続人となります。さらに，Bの子Cが死亡しているときはCの子Dが再代襲相続します。

② 第2順位

第1順位の相続人が存在しない場合は，被相続人の直系尊属である父母が相続人になります。いずれか一方のみが生存しているときは，その一方のみが相続人となります。もし，被相続人の父母の双方が死亡しているときは，その父母の父母（被相続人の祖父母であり，父方・母方の双方）が相続人となります。いずれか一方のみが生存しているときは，その一方のみが相続人となります。被相続人の祖父母がいずれも存在しない場合は，さらに上の代に遡ります。

③ 第3順位

第2順位の相続人が存在しない場合は、被相続人の兄弟姉妹が相続人になります。兄弟姉妹が被相続人よりも以前に死亡しているときは、その兄弟姉妹の子が代襲相続人となります。ただし、90頁のＱ６で述べましたように、兄弟姉妹の子が代襲相続人となるためには、その子が被相続人の傍系卑属であることが必要です。

④ 配偶者

配偶者は、第1順位〜第3順位にある相続人と同順位で、常に相続人となります。たとえば、相続人となる者が第1順位の被相続人の直系卑属（子）である場合、配偶者は、この者と同順位で相続人となります。

(2) 法定相続分

法定相続人の法定相続分は、次のようになります。

相続順位	法定相続人	法定相続分
第1順位	配偶者 子	配偶者 $\frac{1}{2}$・子 $\frac{1}{2}$ 子のみの場合は、子が全部
第2順位	配偶者 直系尊属	配偶者 $\frac{2}{3}$・直系尊属 $\frac{1}{3}$ 直系尊属のみの場合は、直系尊属が全部
第3順位	配偶者 兄弟姉妹	配偶者 $\frac{3}{4}$・兄弟姉妹 $\frac{1}{4}$ 兄弟姉妹のみの場合は、兄弟姉妹が全部

なお、被相続人が遺言によって相続分を定めている場合は、法定相続分ではなく、その遺言に従います。遺言がされていないときは、共同相続人全員で遺産分割の協議をして、遺産の分割を決めることができます。

① 子が数人いる場合の法定相続分

嫡出子（注）の間では、相続分は均等（人数割り）です。被相続人の実子と養子とでは、相続分に違いはありません。嫡出子と嫡出でない子がある場合

（注） 嫡出子とは、①婚姻関係にある男女を父母として生まれた子、②懐胎時に両親が婚姻をしていたが、婚姻解消・取消し後の一定期間内（300日以内）に生まれた子、③父母の婚姻前に生まれた子であるが、父母の婚姻（婚姻後の父の認知）により嫡出子の身分を取得した者が該当します。

は，嫡出でない子の相続分は嫡出子の2分の1です。
(例：配偶者と嫡出子が2人)

　　　配偶者　$\dfrac{1}{2}$　　　嫡出子　各自$\dfrac{1}{2} \times \dfrac{1}{2} = \dfrac{1}{4}$

(例：配偶者・嫡出子2人・嫡出でない子1人)

　　　嫡出子2人　各自$\dfrac{1}{2} \times \dfrac{2}{2+2+1} = \dfrac{2}{10}$

　　　嫡出でない子　$\dfrac{1}{2} \times \dfrac{1}{2+2+1} = \dfrac{1}{10}$

② 直系尊属が数人いる場合

　直系尊属が数人いる場合は，相続分は均等（人数割り）です。

③ 兄弟姉妹が数人いる場合

　兄弟姉妹が数人いる場合は，相続分は均等（人数割り）です。ただし，父母の一方のみを同じくする兄弟姉妹（半血の兄弟姉妹）は，父母の双方を同じくする兄弟姉妹（全血の兄弟姉妹）の相続分の2分の1となります。

全血・半血の兄弟姉妹の図

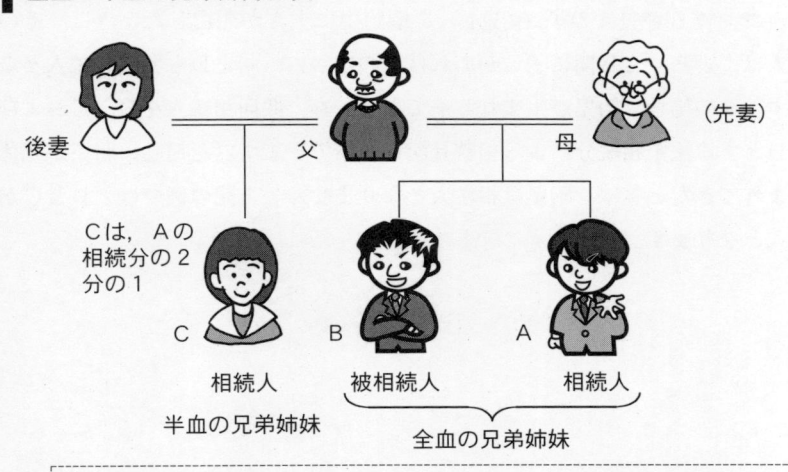

(後妻)　(父)　(母)　(先妻)

Cは，Aの相続分の2分の1

C　B　A
相続人　被相続人　相続人
半血の兄弟姉妹　　全血の兄弟姉妹

　兄弟姉妹が相続人となる場合において，全血または半血の兄弟姉妹かは，被相続人の立場からみると分かりやす。
　図では，AとBは，父母が同じなので全血の兄弟姉妹となる。Cは，母親が異なるから半血の兄弟姉妹となる。

QUESTION 8　胎児

胎児には相続権があるか。

ANSWER

　胎児は，相続については，すでに生まれたものとみなされるので，胎児を含む法定相続分による共同相続登記をすることができます。胎児が死体で生まれてきたときは，その胎児は相続人となりません。

解説

(1) 胎児と相続

　胎児は，相続については，すでに生まれたものとみなされます（民886①）。したがって，妻Bが夫Aの子（胎児D）を懐胎中に夫Aが死亡したときは，その相続人は，妻B，AB間に子CがあればCのほかに，胎児Dも共同相続人となります。この場合，胎児が生まれる前であっても，共同相続人をB，Cおよび胎児Dとする法定相続分による相続登記を申請できます。ただし，胎児が死体で生まれてきたときは，胎児は相続人となりません。上記の例では，BとCが相続人となります。

【胎児と法定相続人】〜配偶者・子・胎児の例

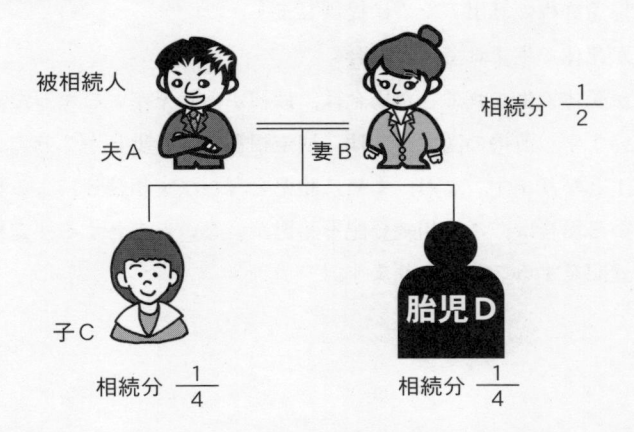

被相続人 夫A ― 妻B　相続分 $\frac{1}{2}$

子C　相続分 $\frac{1}{4}$

胎児D　相続分 $\frac{1}{4}$

　なお，胎児の出生前においては，相続関係が未確定の状態にあるので，胎児のために遺産分割協議をすることはできません（昭和23年6月15日民事甲第1188号民事局長回答）。

(2) **胎児と相続登記の取扱い**

① 胎児を含む法定相続分による相続登記

　妻Bが夫Aの子（胎児D）を懐胎中に夫Aが死亡したときは，懐胎中であっても，胎児を含む法定相続分による相続登記をすることができます。

　胎児を含む法定相続分による相続登記の添付情報は，次のとおりです。

イ　登記原因証明情報

　被相続人の死亡事項の記載がある（除）戸籍謄本，相続人が判明する（除）戸籍謄本が該当します。胎児については，被相続人の妻が懐胎していることを証する医師の証明情報は不要です。

ロ　相続人の住所を証する情報

　住民票の写し，戸籍の附票が該当します。胎児については，母親の住所を証する情報が該当します。

ハ　代理権限証書

　代理人によって登記の申請をする場合は委任状を提供します。

ニ　評価証明書
　　　登録免許税の算出のために提供します。
② 胎児が死体で生まれてきた場合

　胎児が死体で生まれてきた場合は，最初から胎児がいなかったものとして取り扱います。前掲の図で言えば，法定相続分は，妻Bが2分の1，子Cが2分の1となります。なお，すでに胎児を含む法定相続分による相続登記がされている場合は，この相続登記を胎児がいないものとする法定相続分に更正する登記をすることになります。

QUESTION 9 養子縁組と養親・実親の相続権

養子縁組をした者は，養親，実親を相続することができるか。

ANSWER

普通養子縁組による養子は，原則として，養親と実親のいずれの相続についても相続人となります。特別養子縁組による養子は，原則として，養親を相続できますが実父母を相続することはできません。

解説

(1) 普通養子縁組・特別養子縁組

養子縁組の制度には，普通養子縁組の制度と特別養子縁組の制度とがあります。

① 普通養子縁組の制度

次の②の特別養子縁組の制度に基づかない養子縁組をいいます。一般に養子縁組といわれる場合は，この普通養子縁組の制度によるものが多いと言えます。普通養子縁組が成立しても，養子の実方の父母およびその血族(注)との親族関係は終了しません。

② 特別養子縁組の制度

特別養子縁組の制度は，昭和63年1月1日から施行されています。この制度は，子の利益のため特に必要がある場合に，家庭裁判所の審判により，養親との間に実親子と同様の親子関係を形成する縁組の制度であり，特別養子

(注) 生理的に血筋のつながる血縁者をいうが，法律上は，養親子のように法律上血縁者と同様に扱われる者も血族（法定血族）という。民法上，6親等までの血族が親族に入るとされている〔民725〕。

縁組の日から養子の実方の父母およびその血族との親族関係が，原則として終了します。ただし，下図のように，夫婦の一方Aが，他の一方Bの嫡出子D（普通養子縁組による普通養子は除く）の養親となるときは，養子Dと他の一方Bおよびその血族との親族関係は終了しません。

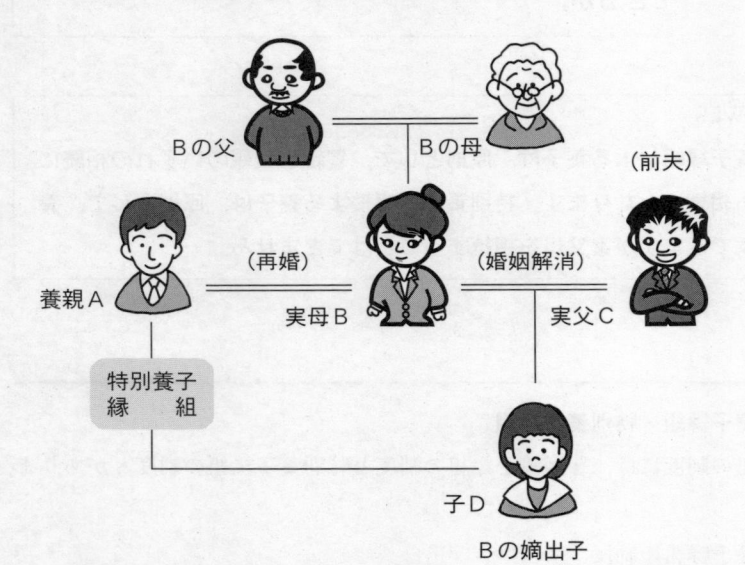

○ AD間で特別養子縁組が成立すると，Dとその実父Cとの親子関係は終了する。しかし，Dと実母BおよびBの両親との親族関係は終了しない。

(2) 養子による養親・実親の相続

普通養子縁組の場合は，養子の実方の父母およびその血族との親族関係は終了しません。したがって，養子は，原則として，養親と実親のいずれの相続についても相続人となります。しかし，相続欠格事由に該当した場合および相続人の廃除（→110頁Q11）があった場合は，当該被相続人を相続することができません。

特別養子縁組の場合は，養子の実方の父母およびその血族との親族関係は，原則として終了します。特別養子は，相続欠格事由に該当した場合および相続人の廃除がなければ，養親を相続することができますが，実親を相続すること

－106－

は，原則としてできません。しかし，(1)で記述した養子の実方の父母およびその血族との親族関係が終了しない事例に該当するときは，特別養子は実母を相続することができます。

(注) 婚姻解消の理由は，離婚，死亡があります。

QUESTION 10 　認知と相続

認知を受けた子と認知を受けない子との相続分は，どのようになるか。

ANSWER

認知を受けた嫡出子でない子の相続分は，嫡出子の相続分の2分の1です。認知を受けない子は，相続分がありません。

解説

　嫡出でない子とは，法律上の婚姻関係にない男女の間に生まれた子をいいます。嫡出でない子は，認知があることにより，認知の効力は，第三者の既得権を害さない限りで，子の出生の時まで遡及し（民784。なお910参照），認知した父（または母）と子との間に親子関係を生じ，相続権を有します。嫡出でない子と父との法律上の父子関係は，認知がなければ生じません。母については，分娩の事実により母子関係は当然発生し，認知は必要でないとするのが判例です（最高裁昭和37年4月27日判決・最高裁判所民事判決集16巻7号1247頁）。

　認知された嫡出でない子の相続分は，その父親の相続が開始した場合に嫡出子と共同相続するときは，嫡出子の相続分の2分の1となります。母親に嫡出子と嫡出でない子がいて，その母親が死亡して共同相続する場合も，嫡出でない子の相続分は嫡出子の2分の1になると解されています（〔有地亨〕新版注釈民法188頁（有斐閣））。

　なお，父親の認知を受けない子については相続分はありませんが，父親が生前に，Dに遺贈する旨の遺言書を作成することにより，Dに遺産を取得させることができます。

第3章　不動産登記Q&A［相続編］

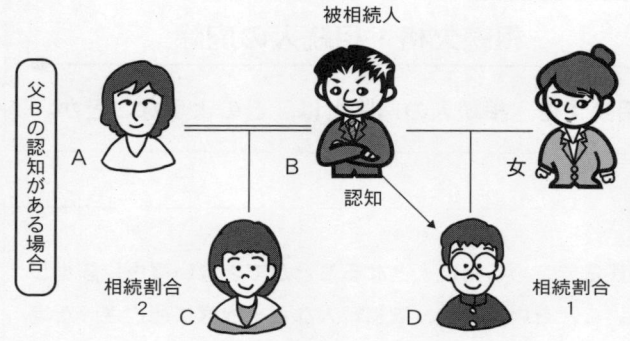

父Bの認知がある場合

被相続人

A ══ B ─── 女
　　　│認知
　　　↓
C　　D
相続割合2　　相続割合1
嫡出子　嫡出子でない子

認知を受けた嫡出でない子の相続分は、嫡出子の2分の1である。

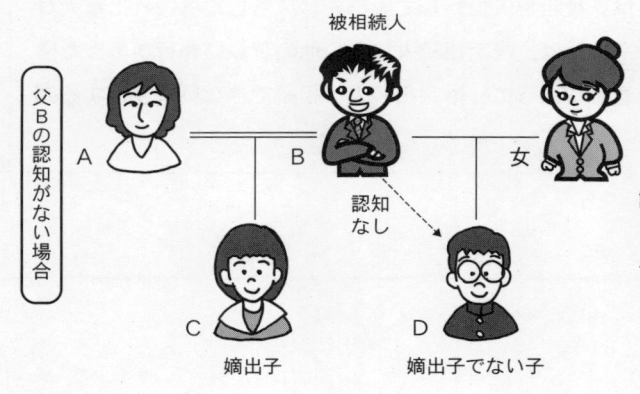

父Bの認知がない場合

被相続人

A ══ B ─── 女
　　　認知なし
　　　┄┄→
C　　D
嫡出子　嫡出子でない子

認知がないので、BD間に法律上の親子関係は生じていない。嫡出でない子Dの相続分はない。

QUESTION 11　相続欠格・相続人の廃除

相続欠格，相続人の廃除とは，どのようなことか。

ANSWER

相続欠格とは，民法で定める相続人となることができない事由に該当して，相続ができないことをいいます。被相続人などを故意に死亡させた場合などが該当します。

相続人の廃除とは，被相続人に対して虐待をし，もしくはこれに重大な侮辱を加えたとき，または，推定相続人にその他の著しい非行があった場合に，被相続人の意思によって，推定相続人が相続できないようにする制度です。

解説

(1) 相続欠格

① 欠格事由

民法が定める次の相続欠格の事由の1つに該当する者は，当該被相続人の相続について，相続人となることができません(注)。

イ　故意に被相続人または相続について先順位もしくは同順位にある者を死亡するに至らせ，または至らせようとしたために，刑に処せられた者。

ロ　被相続人の殺害されたことを知って，これを告発せず，または告訴しなかった者。ただし，その者に是非の弁別がないとき，または殺害者が自己の配偶者もしくは直系血族であったときは該当しません。

ハ　詐欺または強迫によって，被相続人が相続に関する遺言をし，撤回し，

(注)　推定相続人が相続欠格に該当する場合は，その子に代襲相続が発生します。

取り消し，または変更することを妨げた者。
ニ　詐欺または強迫によって，被相続人に相続に関する遺言をさせ，撤回させ，取り消させ，または変更させた者。
ホ　相続に関する被相続人の遺言書を偽造し，変造し，破棄し，または隠匿した者。

② 相続欠格になるか，ならないかの例

(例1)　相続欠落になる例

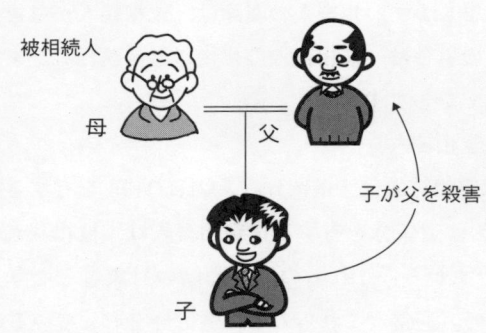

父母が婚姻中の場合において，子と父は，母の相続につき，第1順位で同順位相続人になる。子は同順位の相続人・父を殺害し刑に処せられたので，母を相続できない。

(例2)　相続欠落にならない例

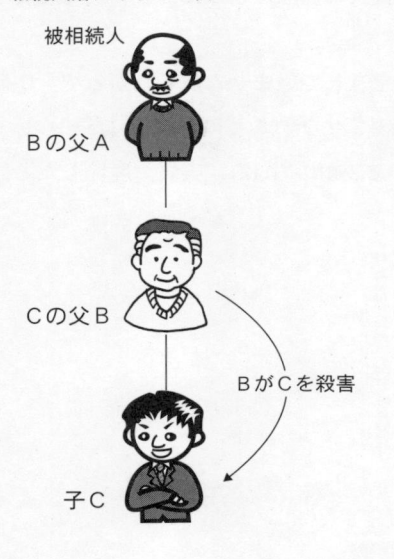

自分の子Cを殺害し刑に処せられたBは，Bの父Aの相続については，相続できる。Aの相続について，Bは欠格事由に該当しないからである。

(2) 相続人の廃除
① 相続人の廃除の事由

　相続人の廃除とは，①被相続人に対して虐待をし，もしくはこれに重大な侮辱を加えたとき，または，②推定相続人にその他の著しい非行があった場合に，被相続人の意思によって，推定相続人（相続が開始した場合に相続人となるべき者）が相続できないようにする制度です（民892）。

　被相続人が，その生前に，相続人の廃除をしようとするときは，家庭裁判所に相続人の廃除の申立てをします。相続人の廃除は，被相続人が遺言書ですることもできますが，この場合は，被相続人の死後に遺言執行者が家庭裁判所に相続人の廃除の申立てをします。

② 廃除することができる推定相続人

　廃除することができる推定相続人は，遺留分（→121頁Q15）を有する推定相続人に限られます（民892）。遺留分を有する推定相続人は，被相続人の配偶者，子および直系尊属ですから，これらの者が廃除の対象者となります（子の代襲相続人も含まれます）。通常，これらの者は遺留分を有しているので，相続人となります。しかし，相続人の廃除をすれば，まったく相続をさせないことができます。

　被相続人の兄弟姉妹は遺留分を有していません。したがって，廃除することはできませんが，遺言書で相続させないことにすれば（たとえば，兄弟姉妹以外の者に遺産の全部を相続させ，又は遺贈すれば），実質，廃除したと同様になります。

同 時 死 亡

QUESTION 12 夫Aと妻B，その子Cがある場合に，AとCが同時に死亡したと推定された場合，相続順位はどのように影響するか。

ANSWER

同時死亡したAとCの各々に相続が開始する。同時死亡したACは，互いを相続しない。相続順位については，事例を参照。

解説

　数人の者が死亡した場合において，そのうちの1人が他の者の死亡後になお生存していたことが明らかでないときは，これらの者は，同時に死亡したものと推定されます（民32の2）。これを同時死亡の推定といいます。

　たとえば，A（Bの夫・Cの父）とその子Cとが，飛行機事故または自動車事故などによって双方とも死亡した場合，どちらが先に死亡したかがわからないときは，双方とも同時に死亡したものと推定されます。ただし，民法は「推定する」と規定していますので，いずれかが先に死亡したことを証明できれば，同時死亡の推定を覆すことができます。

　相続の順位および相続人は，同時死亡となるか，ならないかで，次のように異なってきます。

同時死亡の推定が適用される場合―子Cに妻・子がいない例

AとCが同時死亡の場合は、AとCに相続が開始する。

＜Aについての相続＞
Aの相続人は、Aの妻Bと、Aの父母である。

＜Cについての相続＞
Cの相続人は、母B。もし、Cに妻Dと子Eがあれば、DとEが相続人になる。

同時死亡の推定が適用される場合―子Cに子がある例

AとCが同時死亡の場合は、AとCに相続が開始する。

＜Aについての相続＞
同時死亡したCに直系卑属の子（Aの孫）Eがあれば代襲相続になる。Aの妻BとEが相続人になる。

＜Cについての相続＞
Cの相続人は、その夫Dと子Eである。

同時死亡の推定が適用されない場合―子Cに妻・子がいない例

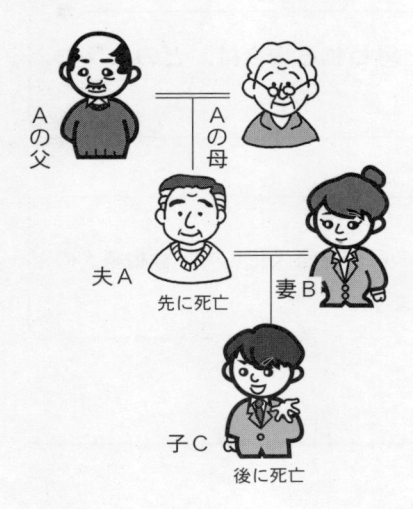

まず、Cより先に死亡したAについて相続が開始し、その後に、Aより後に死亡したCについて相続が開始する。

＜Aについての相続＞
　Aの相続人は、Aの妻Bと、Aの父母である。もし、AにC以外の子Dがいれば、BとDが相続人になる。

＜Cについての相続＞
　Cの相続人は、母B。もし、Cに妻Dと子Eがあれば、Bの相続権がなく、DとEが相続人になる。

QUESTION 13 相続人の不存在

相続人が存在しないと思われる場合は，どのような手続をとるのか。

ANSWER

相続人不存在の制度により，被相続人の財産を法人化して，被相続人の遺産の管理および清算をすることになります。

解説

(1) 相続人不存在の制度

相続人不存在の制度は，ある人（A）について相続が開始したが，相続人のあることが明らかでない場合に，民法の規定（951条～959条）に従って相続人を捜索し，またAの遺産の管理および清算をするものです。なお，戸籍上，被相続人の相続人が存在しているが，その者が生死不明または行方不明である場合は，相続人不存在に該当しません。この場合は，不在者または失踪者として民法25条以下の不在者の財産管理の制度によることになります。

「相続人のあることが明らかでない」主な例は，次のとおりです。

① 戸籍上相続人が存在しない場合

「戸籍上相続人が存在しない場合」とは，戸籍上の最終順位の相続人全員が存在しない場合をいいます。最終順位の相続人としては，被相続人の配偶者，第1順位の相続人である子（代襲相続人を含む），第2順位の相続人である直系尊属の全員が存在しない場合に，第3順位の相続人である兄弟姉妹（代襲相続人を含む）が該当します。この第3順位の相続人がいない場合に，「戸籍上相続人が存在しない場合」となります。

「戸籍上相続人が存在しない」といっても，相続人が絶対に戸籍に登録さ

れているとは言い切れないので，相続人不存在の制度が必要となります。
② 戸籍上，最終順位の相続人はいるが相続資格がない場合
　戸籍上，最終順位の相続人は存在するが，その全員につき，相続欠格もしくは相続人の廃除によって相続資格を喪失している場合，または，相続の放棄がされている場合は，戸籍上相続人が存在しないことになります。
③ 遺言者に相続人は存在しないが相続財産全部の包括受遺者が存在する場合は，「相続人のあることが明かでないとき」には当たらないとされています。包括受遺者は，相続人と同一の権利義務を有し，遺言者の死亡の時から原則として同人の財産に属した一切の権利義務を承継するのであって，相続財産全部の包括受遺者が存在する場合には相続人の捜索・清算手続を行う必要がないからです（最高裁平成9年9月12日判決・最高裁判所民事判例集51巻8号3887頁）。

(2) 相続財産の法人化の登記・添付情報
　相続人のあることが明らかでないとき（相続人不存在のとき）は，相続財産は法人とされます（民951）この法人化の登記は，被相続人名義の不動産について「所有権登記名義人氏名変更」の登記を申請します。この登記は，「平成○年○月○日（筆者注：相続開始の日）相続人不存在」を登記原因とし，相続財産管理人を申請人として行います。この相続財産の法人化の登記の添付情報（添付書類）は，次のとおりです。
① 登記原因証明情報
　相続人の不存在を証する情報として，被相続人の出生（あるいは15歳くらいから後）から死亡までの（除）戸籍謄本，および家庭裁判所の相続財産管理人選任の審判書が該当します。
② 代理権限証書
　代理人によって登記の申請をする場合に提供します。

(3) 相続財産の管理・清算手続の概要
　相続人の存否が不明なために相続人不存在の制度に基づく相続財産の管理および清算手続の概要は，次の図のようになります。

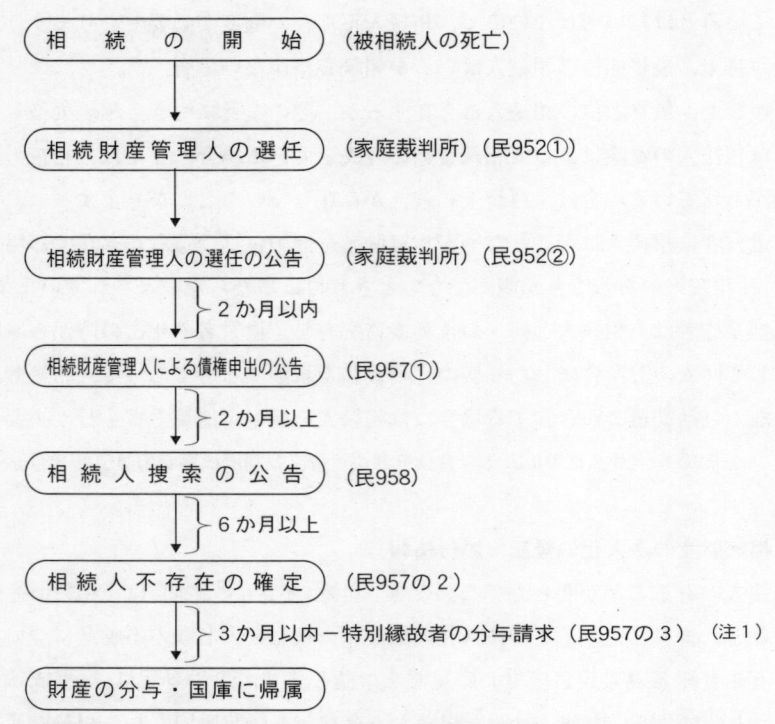

```
┌─────────────────┐
│  相 続 の 開 始  │ (被相続人の死亡)
└────────┬────────┘
         ↓
┌─────────────────┐
│ 相続財産管理人の選任 │ (家庭裁判所)(民952①)
└────────┬────────┘
         ↓
┌─────────────────┐
│相続財産管理人の選任の公告│ (家庭裁判所)(民952②)
└────────┬────────┘
         }2か月以内
┌─────────────────┐
│相続財産管理人による債権申出の公告│ (民957①)
└────────┬────────┘
         }2か月以上
┌─────────────────┐
│ 相 続 人 捜 索 の 公 告 │ (民958)
└────────┬────────┘
         }6か月以上
┌─────────────────┐
│ 相 続 人 不 存 在 の 確 定 │ (民957の2)
└────────┬────────┘
         }3か月以内－特別縁故者の分与請求(民957の3) (注1)
┌─────────────────┐
│ 財産の分与・国庫に帰属 │
└─────────────────┘
```

　単有の場合：第1順位～特別縁故者への分与（分与が認められた場合）
　　　　　　　第2順位～国庫に帰属
　共有の場合：第1順位～特別縁故者への分与（分与が認められた場合）
　　　　　　　第2順位～他の共有者に帰属(注2)

（注1）　相続人捜索の公告期間内に相続人として権利を主張する者がなく相続
　　　　人不在が確定した場合は，家庭裁判所が相当と認めるときは，家庭裁判
　　　　所は，被相続人と生計を同じくしていた者，被相続人の療養看護に努め
　　　　た者その他被相続人と特別の縁故があった者の請求によって，これらの
　　　　者に，清算後残存すべき相続財産の全部又は一部を与えることができま
　　　　す。
（注2）　被相続人の法人化された共有不動産について，民法958条の3の規定に
　　　　基づく特別縁故者が存在しない場合において残余財産があるときは，民
　　　　法255条の規定により共有者に帰属します（最判平元.11.24民集43・10・
　　　　1220，平3.4.12民三2398）。

QUESTION 14　相続登記の申請手続

相続登記の申請手続は，どのようにするのか。また，相続登記の添付情報は何か。

ANSWER

相続を登記原因とする所有権移転登記については，その申請をすべき期限については制限がありません。所有権移転登記の申請には，被相続人の死亡を証する登記原因証明情報（（除）戸籍謄本など）が必要です。

解説

(1) 相続登記の申請手続き

① 相続登記の申請時期

　相続の開始後，その相続を登記原因とする所有権移転登記を申請する期限については，法令上制限がありません^(注)。なお，新築した未登記の建物または区分建物以外の表題登記がない建物の所有権を相続により取得した者は，その所有権の取得の日から1か月以内に表題登記を申請しなければなりません。

② 相続登記の申請人

　相続を登記原因とする所有権移転登記の申請は，遺言または遺産分割協議などによって当該不動産の所有権を取得した者から申請します。なお，遺言書に，特定の不動産（例：○市○町○丁目○番の土地）を相続人Ａに「相続させる」旨の記載があり，遺言執行者が記載されている場合は，当該遺言執行者ではなく，当該不動産の所有権を取得した相続人から申請をすることになり

（注）　相続税の申告と納税は，被相続人が死亡したことを知った日の翌日から10か月以内に行うことになっています。

ます（→154頁Q24）。

(2) **相続登記の添付情報**

相続を登記原因とする所有権移転登記の申請には，次の添付情報（添付書類）を提供します。

① 登記原因証明情報

　(a)被相続人の（除）戸籍謄本，(b)相続人の戸籍謄（抄）本（相続人全員であることを証する（除）戸籍謄本を含む），(c)遺言による場合は遺言書（公正証書遺言以外は検認調書付），(d)遺産分割協議があった場合は遺産分割協議書（印鑑証明書付）または遺産分割の調停調書，(e)相続放棄があった場合は家庭裁判所の相続放棄受理証明書，(f)特別受益者がある場合は特別受益証明書（印鑑証明書付），(g)被相続人の住所が登記記録と最後の住所を証明する情報（除住民票の写し，戸籍の附票など）と相違する場合は除住民票の写し・戸籍の附票など，(h)相続人である親権者と未成年の子とが遺産分割協議で利益相反行為となる場合は，特別代理人を選任した家庭裁判所の審判書，特別代理人の印鑑証明書など，が該当します。

② 相続人の住所を証する情報

　相続人の住民票の写し，戸籍の附票が該当します。

③ 代理権限証書

　代理人によって登記の申請をする場合は委任状を提供します。

④ 評価証明書

　登録免許税を算出するために提供します。

QUESTION 15 遺留分の制度

遺留分とは、どのような制度か。

ANSWER

遺留分とは、被相続人の相続財産を、一定の相続人が、一定の割合で取得することを保証された制度です。

解説

(1) 遺留分の制度の概要

遺留分とは、一定の相続人が被相続人の相続財産につき、一定の割合を取得できることを民法で保証された制度です。

被相続人の兄弟姉妹（兄弟姉妹の代襲相続人を含みます）以外の相続人（子、配偶者、直系尊属）は、遺留分を有します。また、第1順位の相続人である子の代襲相続人、相続欠格者・相続人の廃除をされた者の代襲相続人、胎児（生きて生まれてきた場合）は、遺留分を有します。

これに対して、相続欠格者、相続人の廃除をされた者、相続放棄者、包括受遺者は遺留分を有しません。特別受益者（136頁Q19）の特別受益額が、その者の遺留分に等しいか、または、これを超過する場合は、この特別受益者は遺留分を有しません。

自分の遺留分を侵害された場合に、遺留分侵害者に対して自己の遺留分を主張するかしないかは、遺留分を侵害された者の自由です。遺留分を有する相続人が数人いる場合でも、遺留分の主張は各人の判断でよく、遺留分を主張する者と主張しない者とがあってもかまいません。遺留分を主張しない相続人がいても、他の共同相続人の遺留分は増加しません。

遺留分を有する相続人のことを、遺留分権利者または遺留分権者といいます

(以下，遺留分を有する相続人を「遺留分権利者」といいます)。

遺留分の有無

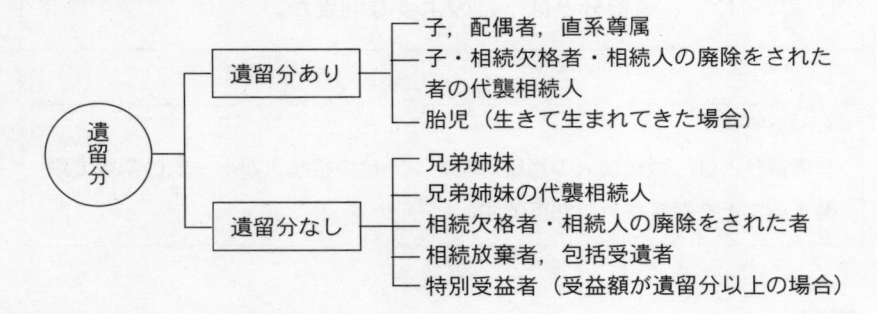

```
遺留分 ─┬─ 遺留分あり ─┬─ 子，配偶者，直系尊属
        │              ├─ 子・相続欠格者・相続人の廃除をされた
        │              │  者の代襲相続人
        │              └─ 胎児（生きて生まれてきた場合）
        │
        └─ 遺留分なし ─┬─ 兄弟姉妹
                       ├─ 兄弟姉妹の代襲相続人
                       ├─ 相続欠格者・相続人の廃除をされた者
                       ├─ 相続放棄者，包括受遺者
                       └─ 特別受益者（受益額が遺留分以上の場合）
```

(2) 遺留分の規定に反する処分

遺言者は遺留分に関する規定に違反しない範囲で，自己の財産を自由に処分することができます。もし，遺留分を侵害するような遺言書が作成されても，その遺言書は無効となるものではなく，遺留分減殺請求権（→125頁Q16）の対象となるにすぎません。登記実務上も，遺留分を侵害する登記の申請は受理されています。

(3) 各遺留分権利者の遺留分の割合

各遺留分権利者が有する遺留分のことを個別的遺留分といいます。個別的遺留分を算出するためには，総体的遺留分を知る必要があります。総体的遺留分とは，被相続人の財産に占める遺留分権利者全員の遺留分の合計割合をいいます。総体的遺留分は，民法で次のように定められています。

相続財産の全体

	総体的遺留分

遺留分権利者全員の遺留分の合計
（個別的遺留分の合計）

相続人（遺留分権利者）	総体的遺留分
直系尊属のみ	遺産全体の$\frac{1}{3}$
直系尊属以外の相続人 　子のみ，配偶者のみ，子と配偶者，配偶者と直系尊属	遺産全体の$\frac{1}{2}$
兄弟姉妹	なし

　各遺留分権利者の個別的遺留分は，次の計算式で算出することができます。

$$\boxed{\text{当該遺留分権利者の個別的遺留分}} = \boxed{\text{相対的遺留分}} \times \boxed{\text{当該遺留分権利者の法定相続分}}$$

（例：配偶者と子ＡＢ）

遺留分権利者	相対的遺留分	当該遺留分権利者の法定相続分	個別的遺留分
配偶者　：	$\frac{1}{2}$	× $\frac{1}{2}$ =	$\frac{1}{4}$
子Ａ・Ｂ　：	$\frac{1}{2}$	× $\frac{1}{2}\times\frac{1}{2}$ =	$\frac{1}{8}$

(3) 遺留分算定の基礎となる財産の額

　遺留分算定の基礎となる被相続人の財産の額の計算は，次の計算式によります。

$$\boxed{\text{遺留分算定の基礎となる被相続人の財産の額}} = \boxed{\underset{①}{\text{被相続人が相続開始時に有した積極財産の価額}}} + \boxed{\underset{②}{\text{被相続人が生前にした一定の贈与の価額}}} - \boxed{\text{相続債務の全額}}$$

① 遺　　　贈

　遺贈は，被相続人が相続開始時に有した積極財産の価額に含ませるのが学説です。

② 一定の贈与

被相続人が生前にした一定の贈与としては，次のものが該当します。

イ 相続開始前1年間になされた贈与

ロ 当事者双方が遺留分権利者に損害を加えることを知ってした相続開始より1年以前の贈与

ハ 当事者双方が遺留分権利者に損害を加えることを知ってした，不相当な対価をもってした有償行為（例：近隣の相場と比較して，不当に安い価格で不動産を売却した場合）

ニ 相続人の特別受益財産（贈与の時期に関係なく基礎財産に算入する）

QUESTION 16　遺留分減殺請求

遺留分を侵害された場合は，どのようにすべきか。

ANSWER

遺留分権利者は，遺留分を保全するのに必要な限度で，遺留分減殺請求権を行使して，遺留分を侵害した遺贈または贈与を減殺することができます。

解説

(1) 遺留分の減殺

① 遺留分減殺請求権

　被相続人が，遺留分権利者が有する遺留分を超えて（遺留分を侵害して）遺贈または贈与をしたことにより遺留分を侵害された遺留分権利者は，遺留分を保全するのに必要な限度で，被相続人のした遺贈または贈与の効力を失効させて，その限度額の財産を取り戻すことができます。これを「遺留分の減殺」といい，遺留分の減殺をすることができる権利を「遺留分減殺請求権」といいます。

　遺留分減殺請求権は，遺留分権利者が数人いる場合であっても，各自で請求権を行使できます。同時に行使する必要はありません。また，遺留分減殺請求権を行使するかしないかは遺留分権利者の自由であり，ある者だけが請求権を行使し，他の者は行使しないこともできます。

② 一方的な意思表示

　判例は，遺留分減殺請求権は形成権であると述べています（最高裁昭和41年7月14日判決・最高裁判所民事判例集20巻6号1183頁）。形成権とは，権利者の一方的な意思表示で法律関係の変動を生じさせる地位をいいます。前述したよ

うに遺留分減殺請求権は形成権ですから，遺留分を侵害された遺留分権利者は，受遺者（遺贈を受けた者）または受贈者（贈与を受けた者）に対して「遺留分を減殺する」旨の意思表示をすることによって，法律上当然に減殺の効力が生じます。遺留分減殺をすることについて，受遺者または受贈者の同意は不要です。遺留分減殺の意思表示の方法は自由であり，特に裁判による必要はありませんが，相手方に対する意思表示の到達を明確にするために，配達証明付の内容証明郵便にしたほうがよいでしょう。

(2) **遺留分減殺請求権の消滅時効**

遺留分減殺請求権は，次のいずれかの期間の経過により消滅し，行使することができなくなります。

① 減殺の請求権は，遺留分権利者が，相続の開始および減殺すべき贈与または遺贈があったことを知った時から1年を経過したとき。

② 相続開始の時から10年を経過したとき。

(3) **減殺の順序**

遺留分権利者による遺留分の減殺は，次のように行います。

① 遺贈と（生前）贈与がある場合は，まず，遺贈を全部減殺した後に，（生前）贈与を減殺する。

② 遺贈が複数ある場合は，その目的の価額の割合に応じて減殺します。ただし，遺言者がその遺言に別段の意思を表示したときは，その意思に従います。

③ 贈与が複数ある場合は，減殺は，後の贈与から順次前の贈与に対して行います。

④ 死因贈与（贈与者の死亡と同時に効力が発生する贈与）があるときは，遺贈，死因贈与，生前贈与の順に減殺します。

(4) **遺留分減殺の登記の添付情報**

遺留分減殺の目的物が不動産の場合に，遺留分減殺の登記申請に必要な添付情報は次のものです。

① 登記原因証明情報

遺留分減殺があったことを証する情報（書面）を提供します。この情報と

しては，遺留分減殺がされたこと，その年月日，当事者，目的不動産，遺留分減殺により所有権が移転（または持分が移転）したことが記載され，登記権利者（遺留分権利者）・登記義務者（減殺請求を受けた者）の記名押印（少なくとも登記義務者の記名押印）がなされていることが必要です。

② 登記識別情報（登記済証）

登記義務者が被相続人から所有権移転登記を受けたときに通知（作成）された登記識別情報（または，登記義務者の権利に関する登記済証）。

③ 相続証明書

被相続人との相続関係，すなわち遺留分権利者であることを証明する戸籍謄（抄）本。

④ 住所を証する情報

登記権利者の住民票の写し，または戸籍の附票。

⑤ 登記義務者の印鑑証明書

作成後3か月以内のもの。

⑥ 代理権限証書

代理人によって登記の申請をする場合は委任状を提供します。

⑦ 評価証明書

登録免許税を算出するために提供します。

QUESTION 17　遺産分割協議

被相続人の遺産の分割は，どのようにするのか。

ANSWER

遺産の分割協議は，共同相続人の全員で行わなければ無効となります。未成年の子とその親とが遺産分割協議をするときは，未成年の子ごとに特別代理人を選任しなければなりません。

解説

(1) 遺産分割の実行

① 原則―分割の自由

　相続人が数人あるときは，相続財産は，法定相続分の割合で相続人の共有となります。被相続人が遺言で，相続開始の時から5年を超えない期間で遺産の分割を禁止した場合や，家庭裁判所で遺産分割禁止の審判があった場合または相続人間で分割の禁止の定めをしている場合を除き，共有者は，その協議によって，いつでも遺産の分割をすることができます。

　遺産の分割は，遺産に属する物または権利の種類および性質，各相続人の年齢，職業，心身の状態および生活の状況その他一切の事情を考慮して行わなければなりません。ただし，法定相続分と異なる分割の協議も当然可能であり，たとえば，相続人Aは相続財産の分割を受けないものとし，相続人Bが全部の相続財産を承継するという分割もできます。

② 借金の分割の可否

　被相続人の借金は，相続開始と同時に法定相続分に従って相続人に当然に分割承継されるとするのが判例です（分割債務説。大審院昭和5年12月4日決定・大審院民事判例集9巻1118頁，最高裁昭和34年6月19日判決・最高裁判所民事判例集

13巻6号757頁)。この判例に従えば、被相続人の借金は、相続開始と同時に相続人が当然に分割承継するもので、遺産分割の対象となるべき相続財産を構成するわけではありません。

したがって、遺産分割協議で相続人中の1人が被相続人の借金を承継する旨を定めても、債権者に対抗することができません。債権者は、相続人の法定相続分に応じた割合で、相続債務（被相続人の借金）の弁済を求めてきます。このようなケースでは、まず、相続人が法定相続分の割合で借金の支払い債務を相続し、債権者の同意を得て、相続人の債務を相続人中の1人に引き受け（債務引受）させるとよいでしょう。

借金の相続

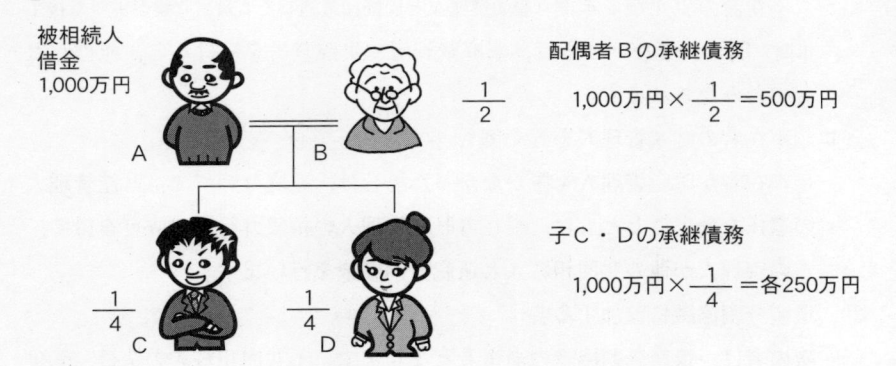

被相続人
借金
1,000万円

A — B

C D
$\frac{1}{4}$ $\frac{1}{4}$

B: $\frac{1}{2}$

配偶者Bの承継債務
1,000万円 × $\frac{1}{2}$ = 500万円

子C・Dの承継債務
1,000万円 × $\frac{1}{4}$ = 各250万円

③ 未成年者がいる場合の遺産分割協議

相続人が被相続人の配偶者（例：未成年者の母親）とその未成年の子である場合に、この者の間で遺産分割協議をすることは母親と未成年の子とで利益が相反することになります。たとえ、母親が何も分割を受けないとする場合でも同じです。

このように利益相反行為となるときは、未成年の子のために家庭裁判所で特別代理人を選任してもらい、この特別代理人が未成年の子に代わって遺産分割協議に加わることになります。未成年の子が数人いる場合は、未成年の子ごとに異なる特別代理人を選任しなければなりません。

(2) **遺産分割協議の当事者**
① 共同相続人全員による遺産分割協議

遺産分割の協議は共同相続人の全員で行います。相続を放棄した者は，その相続に関しては，初めから相続人とならなかったものとみなされますので（民939），相続放棄者は遺産分割協議に加わることはできません。共同相続人の一部の者を除いた遺産分割協議は，無効です。胎児が生きて生まれる前に，遺産分割協議をすることはできないとされています（昭和29年6月15日民事甲第1188号民事局長回答）。

もし，共同相続人の中に行方不明者がある場合は，次の方法によります。

イ 失踪宣告を受ける例

不在者の生死が7年間（船舶遭難など危機に遭遇した者は，危難が去った後1年間）明らかでないときは，家庭裁判所で失踪宣告を受けると，死亡したものとみなされます。

ロ 不在者の財産管理人を置く例

不在者が財産管理人を置かなかった場合は，家庭裁判所で，財産管理人の選任を受けるとともに，不在者財産管理人の権限外行為の許可を得て，この管理人が他の共同相続人と遺産分割協議を行います。

② 遺産分割協議に参加する者

次の者は，遺産分割協議の当事者となります。①共同相続人の全員，②包括受遺者，③相続分の譲受人，④家庭裁判所で権限外行為の許可を得た不在者の財産管理人，⑤未成年者・被後見人の法定代理人または特別代理人，⑥入所中の未成年者児童に代わる児童福祉施設の長（昭和42年12月27日民事甲第3715号民事局長回答）。

(3) **遺産分割の態様**

遺産分割の態様には，主に次のものがあります。

分割の態様	分 割 の 内 容
現 物 分 割	相続財産を，そのままの形で分割する方法。たとえば，甲土地はAが，乙土地はBが取得するという分割の方法をいう。もっとも，一般的な分割方法といえる。
換 価 分 割	相続財産の全部または一部を金銭に換価し，その換価代金を分割する方法。
代 償 分 割	相続財産の全部または一部をAに取得させ，その代償として，Aが他の相続人に対し代償金を支払うという分割方法。
共 有 分 割	相続財産の全部または一部を共同相続人全員の共有とする方法。この分割協議が成立した後に共有財産を分割する場合は，遺産分割の協議でなく，民法256条の規定に基づく共有物の分割協議となる。

QUESTION 18　遺産分割に基づく登記手続

遺産分割協議が成立した場合，登記手続はどのようにするのか。

ANSWER

法定相続分による共同相続登記がされていないときは，「平成〇年〇月〇日相続」を原因として，遺産分割協議書に基づく登記の申請をします。法定相続分による共同相続登記がされた後に遺産分割協議が成立したときは，「平成〇年〇月〇日遺産分割」を原因とする遺産分割協議書に基づく持分移転登記をします。

解説

共同相続人間で遺産分割協議をした場合に，法定相続分による共同相続の登記をすでにしているか，していないかによって，登記の手続が異なります。

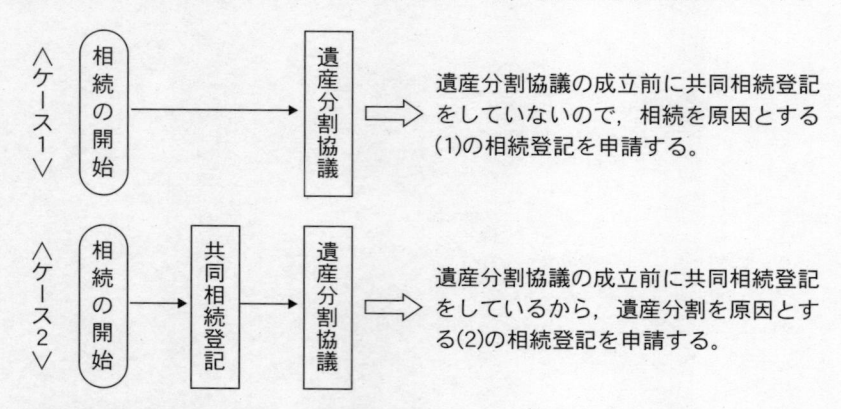

〈ケース1〉　相続の開始 → 遺産分割協議　⇒　遺産分割協議の成立前に共同相続登記をしていないので，相続を原因とする(1)の相続登記を申請する。

〈ケース2〉　相続の開始 → 共同相続登記 → 遺産分割協議　⇒　遺産分割協議の成立前に共同相続登記をしているから，遺産分割を原因とする(2)の相続登記を申請する。

(1)　共同相続登記をしていない場合

被相続人の相続が開始したが，まだ法定相続分に基づく共同相続登記をして

いない場合は，「平成○年○月○日相続」を原因として所有権移転登記（被相続人が持分を有していた場合は，持分移転登記）をします。この形態は，一般的に相続登記と言われているものであり，次の添付情報（添付書類）が必要です。

① 登記原因証明情報

被相続人の相続が開始したことを証する情報として，被相続人の（除）戸籍謄本を提供しますが，相続人を確定するために，被相続人の出生から死亡に至るまでの（除）戸籍謄本，相続人の戸籍謄（抄）本も提供します。このQは，遺産分割協議によって登記をする例ですので，相続人全員が記名押印した遺産分割協議書を提供します。この協議書の印鑑は印鑑証明書の印を押し，申請に係る不動産を取得した者以外の印鑑証明書を添付します（印鑑証明書の有効期間の定めはありません）。

② 住所を証する情報

申請人（申請に係る不動産を取得した者）の住民票の写し，または戸籍の附票。

③ 代理権限証書

代理人によって登記の申請をする場合は委任状を提供します。

④ 評価証明書

登録免許税を算出するために提供します。

(2) 共同相続登記後に遺産分割協議をした場合

この事例は，何かの事情（例：遺産分割の協議がまとまらない）で遺産分割協議ができない場合に，とりあえず法定相続分で共同相続人全員の名義で相続による登記（所有権移転登記または所有権保存登記）をしておき，後日，遺産分割協議が成立したときに行うものです。このような事例は，登記実務上，あまり多くありません。

（例）　Aが死亡して，甲不動産について，共同相続人の全員である配偶者B（法定相続分6分の3），子C（同6分の1），子D（同6分の1），子E（同6分の1）の名義で，相続を原因として法定相続分による所有権移転登記がされている。その後，遺産分割協議が成立し，本件土地は，C持分6分の

4，D持分6分の2の共有とされた。

この場合は，どのような登記手続をすべきか。

〈共同相続人の図〉

被相続人 A B　3/6

C 1/6 → 4/6
D 1/6 → 2/6
E 1/6

遺産分割協議後

（例）の甲土地は，遺産分割協議の結果，Cが6分の4，Dが6分の2の共有となったので，Bの6分の3全部を「平成〇年〇月〇日遺産分割」を原因としてCに持分全部移転登記をし，また，Eの6分の1全部を同じ原因でDに持分全部移転登記をします。この原因日付は，相続開始の日ではなく，共同相続登記後に遺産分割協議が成立した日を記載します。

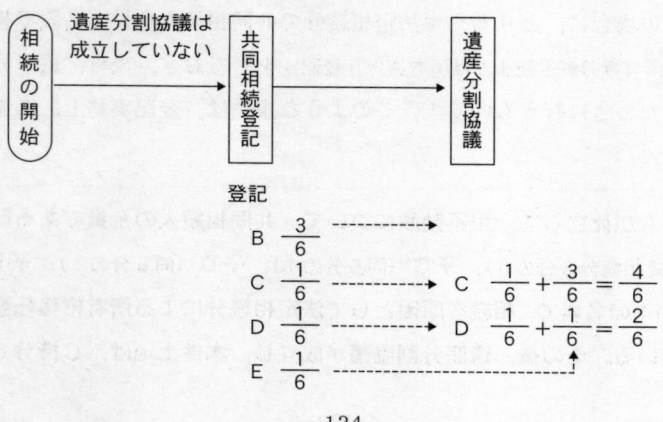

相続の開始 → 遺産分割協議は成立していない → 共同相続登記 → 遺産分割協議

登記
B 3/6 ------→
C 1/6 ------→ C 1/6 + 3/6 = 4/6
D 1/6 ------→ D 1/6 + 1/6 = 2/6
E 1/6 ------↑

上記の登記をするためには，次の添付情報（添付書類）が必要です。
① 登記原因証明情報
　遺産分割協議書が該当します。
② 登記識別情報（登記済証）
　登記義務者B・Eが被相続人から所有権移転登記（持分移転登記）を受けたときに通知（作成）された登記識別情報（または，登記義務者の権利に関する登記済証）。
③ 住所を証する情報
　登記権利者C・Dの住民票の写し，または戸籍の附票。
④ 登記義務者B・Eの印鑑証明書
　作成後3か月以内のもの。
⑤ 代理権限証書
　代理人によって登記の申請をする場合は委任状を提供します。
⑥ 評価証明書
　登録免許税を算出するために提供します。

特別受益者

QUESTION 19

相続人中のAは，被相続人より生前に商売を始めるための資金として1,000万円をもらっていた。また，相続人Bは，婚姻の支度金として600万円をもらっていた。相続が開始し他に相続人がいる場合，これらの贈与はどのように取り扱われるか。

ANSWER

被相続人から，婚姻，養子縁組のため，もしくは生計の資本として贈与を受けた者を特別受益者といいます。この特別受益額が多いときには，特別受益者は，相続分を受け取ることができない場合もあります。

解説

(1) 特別受益者とは

共同相続人中に，被相続人から，遺贈を受け，または婚姻，養子縁組のため，もしくは生計の資本として贈与を受けた者を特別受益者といいます。特別受益者が被相続人から受けるべき遺贈，または被相続人の生前に受けた贈与の価額が，相続分の価額に等しく，またはこれを超えるときは，受遺者（遺贈を受けた者）または受贈者（贈与を受けた者）は，その相続分を受けることができません。ただし，被相続人が，これと異なった意思を表示したときは，その意思表示は，遺留分に関する規定に違反しない範囲内で，その効力を有します（民903①③）。

特別受益者がある場合の相続分の配分を定める上記の規定は，共同相続人中に，被相続人から特別受益を受けなかった者がある場合において公平を保つためにある規定です。

いずれかを選択することができます。

相続の選択	内容
① 単純承認	無条件に相続を承認する（全部を承継する）。
② 放　棄	相続財産の全部を承継しない。
③ 限定承認	積極財産の額を限度として債務を承継する。

　相続人が上記表①～③のいずれを選択するか考える期間を，熟慮期間といいます。相続人は，自己のために相続の開始があったことを知った時から3か月以内に，相続について，単純承認，放棄または限定の承認のいずれかをしなければなりません。ただし，この期間は，利害関係人または検察官の請求によって，家庭裁判所において伸長することができます（民915①）。

　なお，単純承認は特に意思表示をしなくても，3か月の熟慮期間の経過により，単純承認したものとみなされます。また，(2)で記述するように，一定の事由があるときは，単純承認したものとみなされます。

```
┌─────────────┐
│自己のために相続の開始│
│があったことを知った時│
└─────────────┘
         熟慮期間＝3か月         ・3か月の経過により，単純
        ━━━━━━━━━━━▶        承認したものとみなされる。
      相続人：単純承認・放棄・
         限定承認の選択           ・一定の事由があるときは，
                                  単純承認したものとみなさ
                                  れる。
```

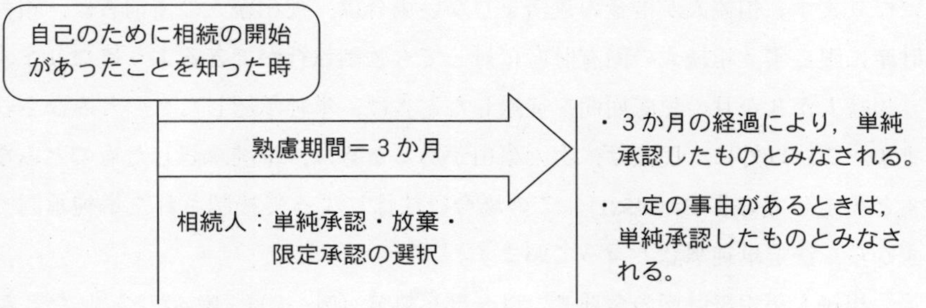

② 熟慮期間の起算点

　民法の条文では，熟慮期間の起算点は，相続人が「自己のために相続の開始があったことを知った時から」となっています（民915①）が，判例は，この起算点を具体的に次のように述べています。

　イ　原則～相続人が「自己のために相続の開始があったことを知った時」とは，相続人が相続開始の原因たる事実の発生を知り，かつ，このため自己が相続人となったことを知った時をいう（大審院大正15年8月3日決定・大

審院民事判例集5巻679頁)。
  ロ　例外的事案～相続人において相続開始の原因となる事実およびこれにより自分が相続人となった事実を知った時から3か月以内に限定承認または相続放棄をしなかったのが，相続財産が全く存在しないと信じたためであり，かつ，このように信じるについて相当な理由がある場合には，熟慮期間は，相続人が相続財産の全部もしくは一部の存在を認識した時または通常これを認識し得べき時から起算する (最高裁昭和59年4月27日判決・最高裁判所民事判例集38巻6号698頁)。
  ハ　相続人が数人いる場合の熟慮期間の起算点～相続人がそれぞれ自分のために相続の開始があったことを知った時から，各別に進行する (最高裁昭和51年7月1日判決・家庭裁判月報29巻2号91頁)。

(2) 単純承認

　相続人は，単純承認をしたときは，無限に被相続人の権利義務を承継します (民920)。被相続人に借金があった場合には，この借金は相続人が承継することになります。相続人が借金の返済をしない場合は，被相続人の債権者は，相続財産に限らず，相続人の固有財産に対しても強制執行ができるようになります。

　相続人が3か月の熟慮期間を徒過したときは，単純承認したものとみなされます。これ以外に，民法は，次の事由があるときは，単純承認したものとみなすと規定しています (民921)。この場合は法律によって擬制された単純承認ですから，法定単純承認と言っています。

① 相続人が相続財産の全部または一部を処分 (例：売買・贈与など) したとき。ただし，保存行為 (相続建物を維持するための修繕などの行為) および民法602条に定める期間 (例：建物は3年) を超えない賃貸をすることは，処分に該当しません。
② 相続人が，熟慮期間内に限定承認または相続の放棄をしなかったとき。
③ 相続人が，限定承認または相続の放棄をした後であっても，相続財産の全部もしくは一部を，イ　隠匿し，ロ　債権者に隠れてこれを消費し，または，ハ　悪意でこれを相続財産の目録中に記載しなかったとき。ただし，その相

続人が相続の放棄をしたことにより相続順位が繰り上がって相続人となった者が，すでに相続の承認をした後にされたものであるときは，放棄をした者の相続人を単純承認したものとして取り扱うことはできません。

(3) 相続の放棄

相続の放棄とは，相続人の意思表示によって，相続財産の承継を全面的に拒否することをいいます。相続人は，相続の放棄をすることによって，被相続人の預金などの積極財産と借金などの消極財産の全部を承継しません。相続の放棄は，一般的に，債務超過の相続を拒否するために行われます。相続の放棄をしようとする者は，熟慮期間内に，相続の放棄をする旨を家庭裁判所に申述しなければなりません。相続の放棄は，共同相続人中の1人あるいは数人だけで行うことができます。

相続の放棄をした者は，その相続に関しては，初めから相続人とならなかったものとみなされます(民939)。「その相続に関しては」とは，たとえば，子Cがその父の相続を放棄しても，当然には母の相続を放棄するものではないという意味です（Cが母の相続について放棄する場合は，父のときとは別に，家庭裁判所に対して相続放棄の申述をする必要があります）。

相続の放棄をした者は，その相続に関しては，初めから相続人とならなかったとみなされる結果，法定相続分は次のように異なってきます。

相続の放棄がない場合

各相続人の法定相続分は，左図のようになります。

相続の放棄がある場合

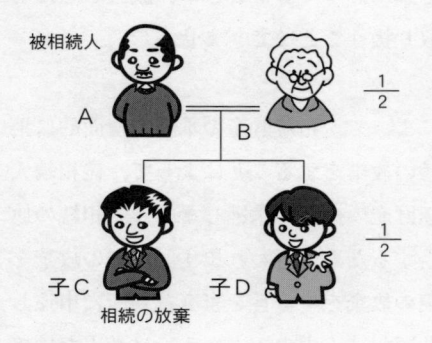

子Cの相続の放棄があった場合は，相続人はBとDとなり，子の法定相続分2分の1全部は，Dが相続します。BとDとで，Cの法定相続分を分けるのではありません。

もし，子がC（放棄者）・D・Eの3人であれば，DとEで子の法定相続分2分の1を分けることになります（D・E＝各4分の1）。

子CとDがある場合に，配偶者Bのみが相続の放棄をしたときは，子の法定相続分は各2分の1となります。

(4) 限定承認

相続人は，相続によって得た財産の限度においてのみ被相続人の債務および遺贈を弁済するという条件をつけて，相続の承認をすることができます（民922）。このような相続の承認方法を，限定承認といいます。たとえば，被相続人の積極財産（預金など）よりも借金のほうが多い場合に，相続人は，相続した積極財産の額を限度として被相続人の借金を弁済しようとするときに，限定承認を使用することができます。この限定承認は，相続人が数人いる場合は，その全員が家庭裁判所に限定承認をする旨の申述をしなければなりません。

限定承認をする場合の相続債権者・受遺者に対する弁済の概要は，次の図のような手続になります。

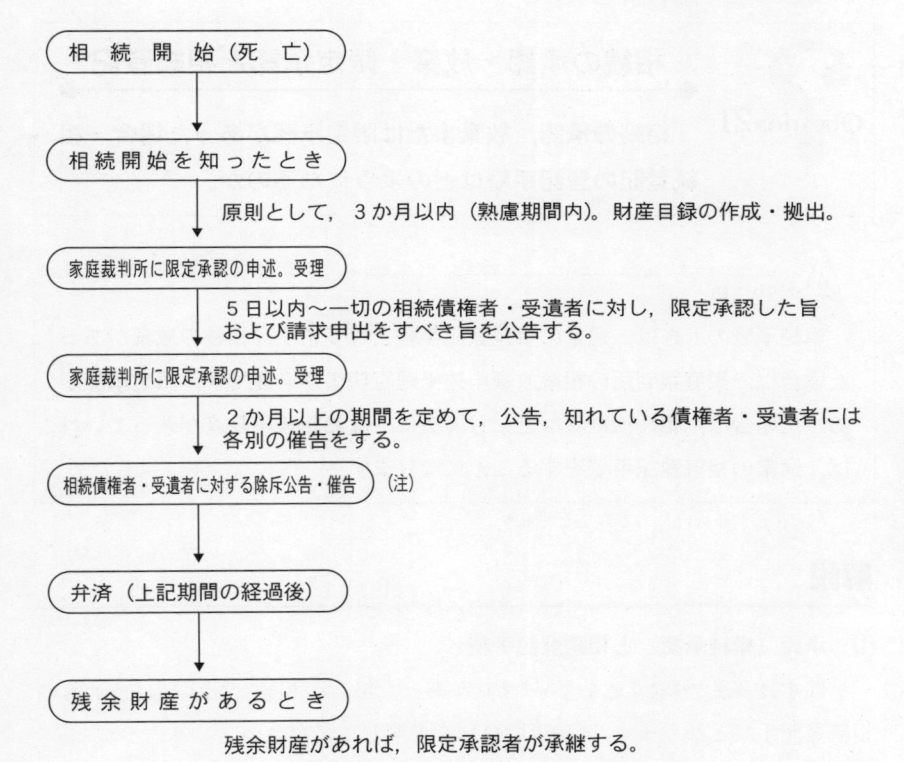

```
┌─────────────────────┐
│ 相 続 開 始（死 亡）│
└──────────┬──────────┘
           ▼
┌─────────────────────┐
│ 相続開始を知ったとき │
└──────────┬──────────┘
           │  原則として，3か月以内（熟慮期間内）。財産目録の作成・拠出。
           ▼
┌─────────────────────────┐
│ 家庭裁判所に限定承認の申述。受理 │
└──────────┬──────────────┘
           │  5日以内～一切の相続債権者・受遺者に対し，限定承認した旨
           │  および請求申出をすべき旨を公告する。
           ▼
┌─────────────────────────┐
│ 家庭裁判所に限定承認の申述。受理 │
└──────────┬──────────────┘
           │  2か月以上の期間を定めて，公告，知れている債権者・受遺者には
           │  各別の催告をする。
           ▼
┌────────────────────────────────────┐
│ 相続債権者・受遺者に対する除斥公告・催告 │（注）
└──────────┬─────────────────────────┘
           ▼
┌─────────────────────┐
│ 弁済（上記期間の経過後）│
└──────────┬──────────┘
           ▼
┌─────────────────────┐
│ 残 余 財 産 が あ る と き │
└─────────────────────┘
            残余財産があれば，限定承認者が承継する。
```

(注) 除斥とは，清算手続において，あらかじめ決められた期間内に債権者が債権の届出をしないと，その債権を弁済または配当から除外することをいいます。

QUESTION 21 相続の承認・放棄・限定承認と相続登記

相続の承認，放棄または限定承認があった場合，相続登記の登記手続はどのようになるのか。

ANSWER

単純承認のときは，通常の相続登記手続となります。相続の放棄があった場合は，家庭裁判所の相続放棄申述受理証明書が必要です。限定承認があった場合は，相続債権者などに弁済後に，なお相続不動産が残っていれば，通常の相続登記手続をすることになります。

解説

(1) 承認（単純承認）と相続登記手続

単純承認（法定単純承認を含みます）があった場合の相続登記手続は，通常の相続登記手続となります。119頁のQ14を参照してください。

(2) 相続の放棄と相続登記手続

相続の放棄をした者は，その相続に関しては，初めから相続人とならなかったものとみなされます（民939）。したがって，共同相続人間における法定相続分は，相続の放棄がある場合とない場合とでは異なってきます（→140頁Q20を参照）。

相続の放棄があった場合は，その放棄者が最初から相続人でなかったものとして考えればよく，(1)の場合と同じ相続登記手続となります。ただし，相続の放棄があったことは放棄者の戸籍の記載事項ではないので，放棄者については，家庭裁判所の相続放棄申述受理証明書が必要となります。

(3) 限定承認

限定承認があった場合は，144頁Q20(4)の図で示すように相続債権者は相続財

産から弁済を受けます。被相続人名義の不動産から返済をするためには，限定承認者は当該不動産を競売に付さなければなりません（任意売却も有効とする考えもあります）（民932本文）。この場合は，相続を原因として，まず相続人名義に登記をすることになります。限定承認者（全員または一部の者）は競売を止めて，家庭裁判所が選任した鑑定人の評価に従った価額を弁済して，自分で引き取ることもできます。

相続債権者または受遺者に対する弁済した後に，なお相続不動産があるときは，通常の相続登記手続（(1)の登記手続）をすることになります。限定承認の有無にかかわらず，相続登記の添付情報は変わりません（家庭裁判所の限定承認の申述受理証明書は，添付情報となりません）。

(4) 相続の放棄・限定承認の受理件数

全国の家庭裁判所における相続の放棄および限定承認の申述受理の件数は，次のとおりです。

【相続の放棄の申述受理件数】（裁判所司法統計）

年　度	平成16年	平成17年	平成18年	平成19年	平成20年
件　数	141,477	149,375	149,514	150,049	148,526

【限定承認の申述受理件数】（裁判所司法統計）

年　度	平成16年	平成17年	平成18年	平成19年	平成20年
件　数	960	995	1,000	1,013	897

遺言の種類

QUESTION 22 遺言書にはどのような種類があるか。

ANSWER
遺言書には，全文を自書しなければならない自筆証書遺言，公証人が作成する公正証書遺言など7つの種類がある。

解説

(1) **遺言の方式・種類**
① 遺言をすることができる者

　15歳に達した者は，遺言をすることができます。未成年者，成年被後見人，被保佐人および民法16条1項の審判を受けた被補助人を制限行為能力者といいますが，これらの者が遺言をするには，原則として，意思能力（→47頁第2章Q8(1)）があれば，制限行為能力者の保護機関（親権者，未成年後見人，成年後見人，保佐人，補助人）の同意または代理は不要です。ただし，成年被後見人が遺言時に意思能力があることの立証には，医師2人以上の立会いが必要です。

② 共同遺言の禁止

　遺言は，2人以上の者が同一の証書ですることはできません。たとえば，AB夫婦が，互いに先に死亡した者は後に残る者に財産を相続させる旨を記載し，連名で自署押印した遺言書は作成することができません（これを共同遺言といいます）。遺言は，本来，単独ですべきものであり，共同遺言は，その内容が互いに関連して切り離すことができないために，作成しても，その遺言書は無効となります。

③ 遺言の種類

遺言は，民法で定める方式で作成する必要があり，これに反する遺言は効力が生じません。民法で定める遺言の種類は次の7つであり，これは普通方式遺言と特別方式遺言とに区別することができ，特別方式遺言は，さらに危急時遺言と隔絶地遺言に区別することができます。各遺言の概要は，(2)以下で記述します。

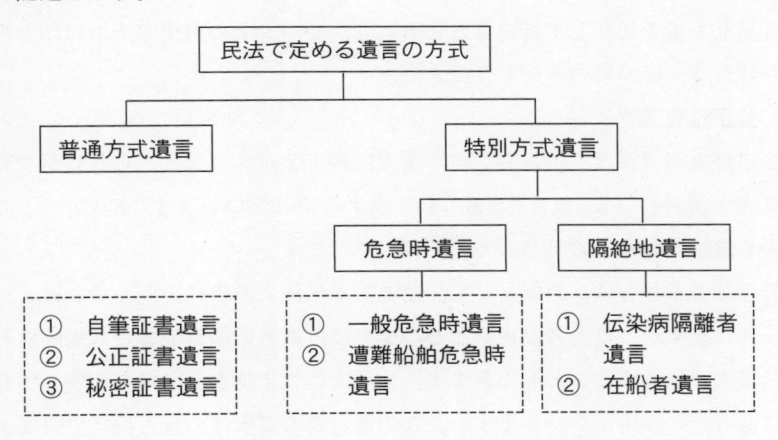

```
                民法で定める遺言の方式
                  ├──────────────┐
             普通方式遺言        特別方式遺言
                                ├──────────┐
                            危急時遺言    隔絶地遺言
       ┌─────────┐     ┌─────────────┐    ┌─────────┐
       │① 自筆証書遺言 │     │① 一般危急時遺言  │    │① 伝染病隔離者│
       │② 公正証書遺言 │     │② 遭難船舶危急時 │    │   遺言      │
       │③ 秘密証書遺言 │     │   遺言        │    │② 在船者遺言  │
       └─────────┘     └─────────────┘    └─────────┘
```

(2) 自筆証書遺言

自筆証書遺言書は，次の公正証書遺言書と並んで比較的多く作成される遺言書です。自筆証書遺言書は遺言者（遺言をした者）が自ら作成するため公正証書遺言書のように費用はかかりませんが，作成した遺言書の保管先を誰かに知らせておかないと，遺言者の死亡後に遺言書が発見されないという可能性があります。

自筆証書遺言書を作成するためには，次の方式によらなければなりません（民968）。

① 遺言者が，その全文，日付および氏名を自書し，これに印を押さなければなりません。

　この遺言書は必ず全文を自筆で書くことが必要であり，パソコンや代筆は無効になります。遺言書に押す印鑑については制限がありません。日付は遺

言書を作成した日が特定できるように，たとえば「平成22年3月25日」と書くべきですが，「平成22年の私の誕生日」と記載しても有効です。しかし，「平成22年3月吉日」と記載すると，作成日が特定できないので，その遺言書は無効となります。遺言書に記載する不動産の表示は，登記事項証明書，固定資産評価証明書などを見て，不動産を特定できるように記載して下さい。

② 自筆証書中の加除その他の変更は，遺言者が，その場所を指示し，これを変更した旨を付記して特にこれに署名し，かつ，その変更の場所に印を押さなければ，その効力を生じません。

(3) 公正証書遺言

公正証書遺言とは，遺言者が自ら遺言内容を公証人に伝え，これに基づいて公証人が遺言書（公正証書遺言書）を作成することをいいます（民969）。この遺言書も自筆証書遺言書と並んでよく利用されます。

公正証書遺言書は，原則として，遺言者が公証人役場に出向くことによって作成されますが，遺言者が病気などの場合は，遺言者の自宅または病院において公証人が作成することもできます。公証人に公正証書遺言書を作成してもらうには所定の費用がかかりますが，この遺言書の原本は公証人役場で原則として20年間保管されます。したがって，遺言書が紛失したり，偽造されるということは防止できます。

公正証書遺言書を作成するためには，証人2人以上の立会いが必要です。ただし，次の者は，遺言の証人となることができません。①未成年者，②推定相続人，受遺者，これらの配偶者および直系血族，③公証人の配偶者，四親等内の親族，書記および使用人。

(4) 秘密証書遺言

秘密証書遺言とは，遺言書の本文の内容（遺言事項）は，必ずしも遺言者の自筆でなくてもよいが（代筆，パソコンなど），遺言書には遺言者が自署し押印のうえ，封入（たとえば，封筒に入れる）・封印して，この封書を公証人に提出して公証を受ける方式の遺言です。証人が2人以上必要です。遺言書の加除・訂正は，自筆証書遺言の方式と同じです（民970）。

(5) 一般危急時遺言

　疾病その他の事由によって死亡の危急に迫った者が遺言をしようとするときは，証人3人以上の立会いをもって，その1人に遺言の趣旨を口授して，行うことができます。その口授を受けた者が，これを筆記して，遺言者および他の証人に読み聞かせ，または閲覧させ，各証人がその筆記の正確なことを承認した後，これに署名押印し，遺言の日から20日以内に家庭裁判所の確認を受けなければなりません（民976）。

(6) 遭難船舶危急時遺言

　船舶が遭難した場合において，当該船舶中に在って死亡の危急に迫った者は，証人2人以上の立会いをもって口頭で遺言をすることができます。証人は，その趣旨を筆記して，これに署名押印し，遅滞なく家庭裁判所に請求してその確認を得なければ，遺言の効力が生じません（民979）。この種類の遺言は民法では「船舶」のみが規定されていますが，現在においては，航空機遭難の場合も類推適用されると考えられます。

(7) 伝染病隔離者遺言

　伝染病のため行政処分によって交通を断たれた場所に在る者は，警察官1人および証人1人以上の立会いをもって遺言書を作ることができます（民977）。

(8) 在船者遺言

　船舶中に在る者は，船長または事務員（船舶職員）1人およびび証人2人以上の立会いをもって遺言書を作ることができます（民978）。

QUESTION23 相続登記と遺言書の検認

遺言書に基づく相続登記を申請する場合は，遺言書の検認を受けなければならないか。

ANSWER

公正証書遺言書以外の遺言書は，家庭裁判所で検認を受けなければなりません。公正証書遺言書以外の検認を受けない遺言書では，相続登記の申請は受理されません。

解説

(1) 遺言書の検認手続

遺言書の保管者は，相続の開始を知った後，遅滞なく，相続開始地の家庭裁判所に遺言書を提出して，その検認を請求しなければなりません。遺言書の保管者がない場合において，相続人が遺言書を発見した後も同様です。検認は証拠保全を目的とするものであり，公証人において保管される公正証書遺言書は偽造・変造のおそれがないので，検認が不要とされています（民1004）。遺言書の開封は，相続人全員またはその代理人の立会いをもってされます。これらの者が立会わない場合は，立会いなしで開封されます。

遺言書の検認は証拠保全を目的とするため，検認を経たからといって，無効な遺言書（例：自筆証書遺言書で作成日・本人自署がない場合）が有効となるものではありません。

(2) 検 認 件 数

全国の家庭裁判所における遺言書の検認の件数は，次のとおりです。

【検認の件数】（裁判所司法統計）

年　度	平成16年	平成17年	平成18年	平成19年	平成20年
件　数	11,662	12,347	12,595	13,309	13,632

(3)　相　続　登　記

　遺言書に基づいて相続登記を申請する場合は，公正証書遺言書の場合を除き，家庭裁判所で検認手続を経た遺言書を提供しなければなりません。検認を経ていない（公正証書遺言書を除きます）遺言書では，登記の申請が受理されません（平成7年12月4日民三第4344号民事局第三課長通知）。この理由は，①民法1004条で遺言書の検認が定められていること，②検認の手続を経ていない遺言書による相続登記を認めることは，登記官が民法の規定を空文化することになること，③検認手続を経ていないと，被相続人の自筆の遺言書であることの確証が登記官で得ることができないこと，があげられます。

　遺言書による相続登記の添付情報（添付書類）は，次のとおりです。
①　登記原因証明情報
　　(a)被相続人の死亡事項の記載がある（除）戸籍謄本，(b)遺言で，申請不動産の相続人とされた者の戸籍謄（抄）本，(c)遺言書（公正証書遺言以外は検認調書付），(d)被相続人の住所が登記記録と最後の住所を証明する住所を証する情報（除住民票の写し，戸籍の附票など）と相違する場合は除住民票の写し・戸籍の附票など，が該当します。
②　相続人の住所を証する情報
　　相続人の住民票の写し，戸籍の附票が該当します。
③　代理権限証書
　　代理人によって登記の申請をする場合は委任状を提供します。
④　評価証明書
　　登録免許税を算出するために提供します。

QUESTION 24 遺言と遺言執行者

遺言書に,「○市○町○丁目5番の宅地は,Aに相続させる」旨の記載があり,かつ,遺言執行者としてBを指定している場合に,その登記手続はどのようになるか。

ANSWER

特定の不動産を特定の相続人Aに「相続させる」趣旨の遺言があった場合は,遺言執行者からではなく,相続人Aから「年月日相続」を登記原因として所有権移転登記をすることになります。

解説

(1) 「相続させる」趣旨の遺言

特定の不動産(○市○町○丁目5番の宅地)を特定の相続人Aに「相続させる」趣旨の遺言があった場合は,その遺言は遺産分割方法の指定とされ,当該遺言において相続による承継を当該相続人Aの受諾の意思表示にかからせたなどの特段の事情のない限り,遺産分割の協議を経ることなく,相続開始の時(被相続人の死亡時)に,直ちに当該遺産が相続人Aに「相続」により承継されると解されています(最高裁平成3年4月19日判決・最高裁判所民事判例集45巻4号477頁)。

相続開始の時に,直ちに当該遺産が相続人Aに「相続」により承継すると解されることにより,被相続人の遺言の内容が実現されたものと評価され,相続人Aは単独で相続を登記原因とする所有権移転登記手続ができることとなり,結局,遺言執行者が遺言を執行する余地はないと解されることになります(東京地裁平成4年4月14日判決・家庭裁決月報45巻4号112頁,東京地裁平成5年8月31日判決・判例タイムズ835号228頁)。登記実務も前記の取扱いによっています(昭和

47年4月17日民事甲第1442号民事局長通達)。
(2) 相続登記の添付情報
本Qにおける遺言書による相続登記の添付情報（添付書類）は，次のとおりです。
① 登記原因証明情報
　(a)被相続人の死亡事項の記載がある（除）戸籍謄本，(b)遺言で，申請不動産の相続人とされた者の戸籍謄(抄)本，(c)遺言書（公正証書遺言以外は検認調書付），(d)被相続人の住所が登記記録と最後の住所を証明する住所を証する情報（除住民票の写し，戸籍の附票など）と相違する場合は除住民票の写し・戸籍の附票など，が該当します。
② 相続人の住所を証する情報
　相続人の住民票の写し，戸籍の附票が該当します。
③ 代理権限証書
　代理人によって登記の申請をする場合は，相続人Aの委任状を提供します。遺言執行者の委任状ではありません。
④ 評価証明書
　登録免許税を算出するために提供します。

QUESTION 25 相続分の譲渡

ある相続人の相続分を，他の相続人または相続人以外の者に譲渡することができるか。

ANSWER

相続人は，相続財産の遺産分割協議が成立する前であれば，自分の相続分を他の相続人または相続人以外の者に譲渡することができます。相続人以外の者が相続分の譲渡を受けた場合は，その譲受人は遺産分割協議に参加しなければならないと解されています。

解説

(1) 遺産分割協議前における相続分の譲渡

相続人は，相続財産の遺産分割協議が成立する前であれば，自分の相続分を他の相続人または相続人以外の者に譲渡することができます。遺産分割協議が成立した後においては，遺産分割の効力が相続開始時に遡及するため（民909），相続分という概念は存在しないので相続分を譲渡することはできません。

相続分の譲渡の場合の「相続分」とは，相続財産全体に対する包括的相続分（積極財産と消極財産とを含みます）のことをいい，ある特定の財産（例：○市○町○丁目5番の宅地）に対する相続分ではありません。相続分の譲渡は，無償あるいは有償のいずれでもよく，譲渡の方法は，特に裁判上の手続による必要はありません。なお，相続分の一部譲渡をすることができるか否かについて，登記先例は，これを認めています（平成4年3月18日民三第1404号民事局第三課長回答）。

相続分の譲渡を受けた相続人以外の者は，遺産分割協議に参加しなければならないと解されています（通説，大阪高裁昭和54年7月6日決定・家庭裁判月報32巻3号96頁）。相続分の譲渡人については，譲渡した相続分が一部の場合は，譲渡

人も相続分がなお残るので遺産分割協議の当事者になりますが，相続分の全部を譲渡した場合は，譲渡人は当事者適格を失うとするのが多数説です（前掲・大阪高裁昭和54年7月6日判決）。

他の相続人に相続分の譲渡をした例

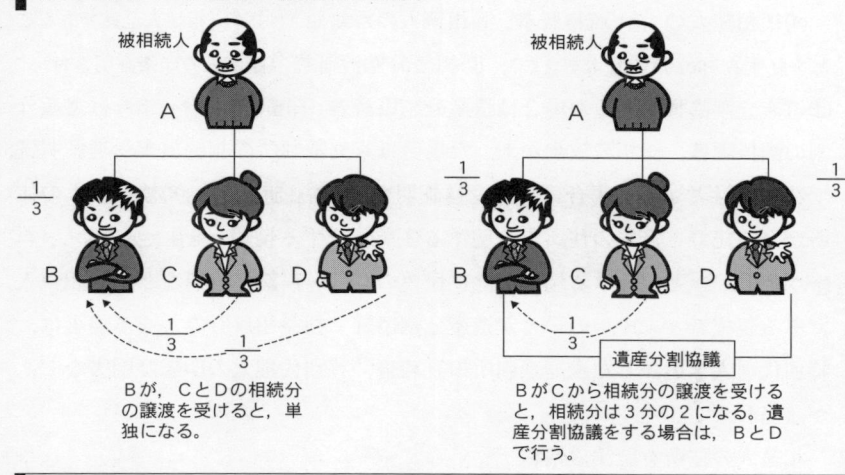

Bが，CとDの相続分の譲渡を受けると，単独になる。

BがCから相続分の譲渡を受けると，相続分は3分の2になる。遺産分割協議をする場合は，BとDで行う。

相続分譲渡証書の例

相続分譲渡証書

本　　籍　　〇市〇町〇丁目〇番地
最後の住所　〇市〇町〇丁目〇番〇号
被 相 続 人　平成太郎

　上記被相続人の死亡によって開始した相続につき，私が有する相続分の全部を貴殿に無償で譲渡します。

平成〇年〇月〇日〇
　譲受人　平成二郎　殿

　　　　　　　　　　　　　　　〇市〇町〇丁目〇番〇号
　　　　　　　　　　　　　　　平 成 一 郎　㊞（注）

（注）　譲渡人の印鑑証明書の印を押し，印鑑証明書を添付します。

(2) 相続分の譲渡があった場合の相続登記の添付情報

相続人が他の相続人に相続分の全部を譲渡した場合における相続登記の申請には，次の添付情報（添付書類）が必要です。

① 登記原因証明情報

(a)被相続人の（除）戸籍謄本，(b)相続人の戸籍謄（抄）本（相続人全員であることを証する（除）戸籍謄本を含む），(c)相続分譲渡証書（譲渡人の印鑑証明書付），(d)遺産分割協議があった場合は遺産分割協議書（印鑑証明書付）または遺産分割の調停調書，(e)相続放棄があった場合は家庭裁判所の相続放棄受理証明書，(f)特別受益者がある場合は特別受益証明書（印鑑証明書付），(g)被相続人の住所が登記記録と最後の住所を証明する住所を証する情報（除住民票の写し，戸籍の附票など）と相違する場合は除住民票の写し・戸籍の附票など，(h)相続人である親権者と未成年の子とが遺産分割協議で利益相反行為となる場合は，特別代理人を選任した家庭裁判所の審判書，特別代理人の印鑑証明書など，が該当します。

② 相続人の住所を証する情報

相続人の住民票の写し，戸籍の附票が該当します。

③ 代理権限証書

代理人によって登記の申請をする場合は委任状を提供します。

④ 評価証明書

登録免許税を算出するために提供します。

第4章

不動産登記Q&A［贈与編］

QUESTION 1 贈与の契約

贈与の契約とは，どのような契約か。

ANSWER

贈与の契約とは，当事者の一方が自己の財産を無償で相手方に与える意思を表示し，相手方が贈与を受けることを承諾することによって効力が生じる契約です。

解説

(1) 贈与契約

贈与とは，無償で財産を与える契約です。贈与をする者（無償で財産を与える者）を贈与者，贈与を受ける者（無償で財産をもらう者）を受贈者といいます。

民法549条は，「贈与は，当事者の一方が自己の財産を無償で相手方に与える意思を表示し，相手方が受諾をすることによって，その効力を生ずる。」と規定しています。ここでいう「相手方が受諾」とは，贈与者が贈与をするという意思を表示したことに対して，相手方（受贈者）が贈与を受けることを承諾することをいいます。贈与の典型的な例としては，①父親が子供に対し金銭を与える，②夫が妻に対し居住用の土地建物を与える，などがあります。

(2) 贈与契約の性質

贈与契約は，次の法律的性質を有します。

① 諾成契約

契約当事者である贈与者と受贈者の合意だけで成立する契約です。物の引渡しは，贈与契約成立後でかまいません。このように，当事者の合意だけで成立する契約を諾成契約といいます。これに対して，契約の成立に当事者の合意のほか，物の引渡しなどの給付を必要とする契約を要物契約といいます

（要物契約の典型例としては、金銭消費貸借契約（お金の貸し借りの契約）があります。金銭消費貸借契約の場合は、借主が貸主から金銭を受け取り、同額の金銭を返還することを約する契約です）。

② 片務契約

　贈与契約は無償で財産を与える契約であり、当事者の一方が対価的債務を負担しない契約です。このような契約を片務契約といいます。これに対し、売買や賃貸借のように契約当事者の双方が互いに対価的な債務（商品の給付と代価の支払いなど）を負担する契約を双務契約といいます。

③ 無償契約

　贈与は無償で財産を与える契約です。贈与のように、対価的給付をしない契約を無償契約といいます。これに対して、売買のように、契約の当事者双方が互いに対価的意味をもつ給付をする契約を有償契約といいます。

④ 不要式契約

　贈与契約は口頭のみ（口頭で、土地をやる・もらいます）で成立し、契約を書面・電子文書などで作成する必要はありません。このような契約を不要式契約といいます（一定の方式を必要としない契約）。契約書面の作成など、契約成立のためには一定の要式を必要とする契約を要式契約といいます。

　なお、書面によらない贈与は、履行が終わった部分を除き、各当事者は撤回することができます（→162頁Q2）。

QUESTION 2　贈与の撤回

書面によらない贈与は，贈与者の意思で撤回することができるか。

ANSWER

書面によらない贈与は，履行が終わった部分を除き，各当事者は撤回することができます。

解説

(1) 書面によらない贈与の撤回

① 贈与の撤回

160頁Q1で，贈与契約は不要式の契約であり，贈与の約束（契約）を契約書を作成しないで口頭でした場合でも有効に成立すると述べました。口頭で有効に成立した贈与契約であっても，民法550条は，「書面によらない贈与は，各当事者が撤回することができる。ただし，履行の終わった部分については，この限りでない。」と規定しています。

ところで，「撤回」とはどのような意味でしょうか。撤回とは，ある意思表示または法律行為（例：贈与をするという意思表示）をした者が，その法律の効果が発生することを阻止する（例：贈与契約の効力が発生することをストップさせる）一方的意思表示をいいます。いまだ効力の発生していない法律行為の効果を将来に向かって消滅させる点で，「取消し」と区別されます。

なぜ，「書面によらない贈与」は撤回することができるかといいますと，①贈与者の贈与意思を明確にすること，②贈与者に熟慮させて軽率に贈与契約をすることを防ぐことにあります（大審院大正5年9月22日判決・大審院民事判決録22巻1732頁）。

② 書面によらない贈与

　書面によらない贈与の場合は，履行の終わった部分は撤回できません。たとえば，AがBに対して30万円をやる（贈与）と口頭で約束（契約）して，20万円を渡した後で，残りの10万円については贈与を撤回すると言った場合，Aは，既に贈与した20万円を返せと言えないが，残りの10万円については贈与しなくてもよいということになります。

　贈与が書面でなされたときは，贈与者は贈与を撤回することができず，受贈者からの贈与の履行請求を拒否できません。ただし，受贈者に忘恩行為があった場合（例：身の回りの世話をしてくれた者に対し老婆が全財産を贈与したが，あとで虐待を受けた場合），あるいは，贈与契約後に贈与者の財産状態が悪化して生活困窮者になった場合は，書面による贈与であっても，履行前の撤回は認めてもよいという見解があります（最高裁昭和53年2月17日判決・判例タイムス360号143頁，内田貴『民法Ⅱ［第2版］債権各論』160頁（有斐閣））。

(2) 贈与の書面

　贈与が書面でなされたときは，贈与者は贈与を撤回することはできません（民550）が，民法550条でいう贈与の「書面」の要件を，判例はゆるやかに解しています。

① 民法550条でいう書面は，贈与契約成立後に作成したものであってもよい（大審院大正5年9月22日判決・大審院民事判決録22巻1732頁）。

② 民法550条でいう書面には，受贈者の氏名の記載がなくてもよい（大審院昭和2年10月31日判決・大審院民事判決集6巻581頁）。

③ 贈与者の贈与の意思表示が認められる書面があれば，受贈者の受諾の意思表示については書面を必要としない（大審院明治40年5月6日判決・大審院民事判決録13巻503頁）。

④ 贈与物を示した書面はあるが，贈与者の贈与する意思が表示されていないと，民法550条でいう書面による贈与とはいえない（大審院大正7年11月18日判決・大審院民事判決録24巻2216頁）。

⑤ 村長の退任に当たり功労金を贈る旨の決議を記載した村会の議事録および

予算案は，民法550条でいう書面に該当しない（大審院昭和13年12月8日判決・大審院民事判決集17巻2299頁）。
⑥　書面には必ずしも贈与という文言があることを要しない。不動産の売渡証書を作成し，受贈者が贈与者に代金の受領証を交付していても，他の証拠資料に基づき当事者が無償とする意思であったことが認められれば，民法550条でいう書面による贈与となる（大審院大正15年4月7日判決・大審院民事判決集5巻251頁）。
⑦　Aから不動産を取得したBがこれをCに贈与した場合において，Bが，Aに対し，当該不動産をCに譲渡したのでAから直接Cに所有権移転登記をするよう求める旨の内容証明郵便は，民法550条にいう書面に当たる（最高裁昭和60年11月29日判決・最高裁判所民事判例集39巻7号1719頁）（筆者注：この判例は，本件内容証明郵便を民法550条の書面と認めた事例です。当事者間の合意により，中間省略登記をすることはできません）。
⑧　農地法所定の許可申請書に譲渡人・譲受人の記名押印があり，同申請書の権利移転事由の詳細項に「贈与」と記載され，権利移転契約の内容項に「無償贈与」と記載されているときは，当該申請書は民法550条の書面に当たるとした事例（最高裁昭和37年4月26日判決・最高裁判所民事判例集16巻4号1002頁）。

(3)　贈与の履行があったと認められた事例

書面によらない贈与は，履行の終わった部分を除き，各当事者が撤回することができます（民550）。「履行の終わった」とは，次のように解されています。
①　動産の場合
　　動産（例：金銭，時計など不動産以外の物）の贈与の場合は，引渡しによって履行が終了します。通説は，現実の引渡し（民182①），簡易の引渡し（民182②），占有改定（民183）および指図による占有移転（民184）のすべてが，履行の終了になるとしています。これらの引渡し方法は，次のように説明できます。
　イ　現実の引渡し
　　　売買契約や贈与契約により目的物を引き渡す場合のように，合意と目的

物の現実的支配の移転によって占有権(注)の移転を行う方法をいいます。

＜贈与の例＞

贈与者A　　物　　贈与〜現実の引渡し　　受贈者B
目的物が贈与者Aから
受贈者Bに移転

ロ　簡易の引渡し

　AがBに時計を貸している場合に、AがBに対し「その時計はB君に贈与する」と言ったときは、受贈者Bがすでに持っている時計を、いったんAに返して、AがBに時計を現実に引渡す（上記イ）というような面倒なことをしないで時計はBの手元においたままで、AがBに「引渡す」という意思表示をすればよい。これを「簡易の引渡し」といいます。

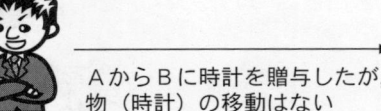

　　　　　　　　　　　　時計をBに
　　　　　　　　　　　　預けている
贈与者A　　AからBに時計を贈与したが、　物　　受贈者B
　　　　　　物（時計）の移動はない

ハ　占　有　改　定

　AはBに物の贈与（または売買）をしたが、すぐに占有を受けないで（すぐにAからBに物を渡さないで）、Aに物を預け、A（「代理人」）が、占有している物を、以後はB（「本人」）のために占有する意思を表示することによって、AからBに物の引渡しをすることがあります。この形態を「占有改定」といいます。

（注）　物を支配している者（占有者）は、通常、所有権（自己の所有物の場合）や賃借権（賃借している物の場合）など本権（占有を正当づける権利）に基づいて支配していますが、民法は、この本権の有無と無関係に、物を事実上支配する状態（占有）そのものに、権利としての法的な保護を与えています。これが占有権です。

贈与者A → 物を贈与 → 受贈者B

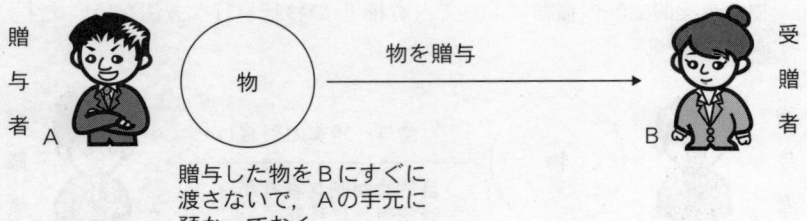

贈与した物をBにすぐに渡さないで、Aの手元に預かっておく

ニ　指図による占有移転

　　Aが他人C（本人Aの「代理人」）に贈与（または売買）の目的物を保管させている場合に、Aが、「以後、占有している物をBのために占有せよ」と命じ、Cがこれを承諾することによって物の占有を移転させることができます。これを「指図による占有移転」といいます。

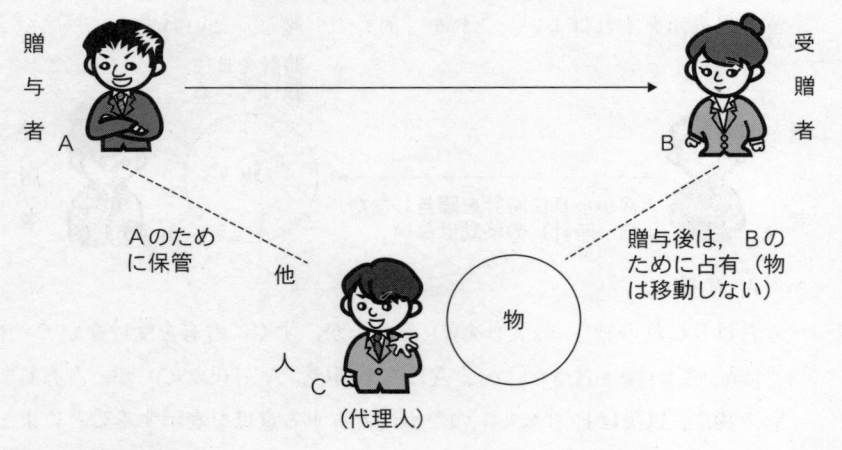

贈与者A → 受贈者B

Aのために保管　　他人C（代理人）　　贈与後は、Bのために占有（物は移動しない）

② 不動産の場合

　　贈与の目的物が不動産の場合に、贈与の履行が終わったとする次の判例があります。

　イ　不動産の贈与契約において、目的不動産の所有権移転登記が経由されたときは、目的不動産の引渡の有無を問わず、贈与の履行を終ったものと解すべきである（最高裁昭和40年3月26日判決・最高裁判所民事判例集19巻2号526頁）。

ロ 書面によらない不動産の贈与において，所有権の移転があっただけでは履行を終ったものとすることはできず，その占有の移転（占有改定の事例）があったときに，その履行を終ったものと解すべきである（最高裁昭和31年1月27日判決・最高裁判所民事判例集10巻1号1頁）。

ハ 内縁の夫が，同棲に使用していたその所有家屋を妻に贈与するに際して，自己の実印を目的家屋を買受けたときの契約書とともに妻に交付したなどの事実関係の下においては，簡易の引渡による目的家屋の占有移転があったものとみるべきであり，これにより，贈与の履行が終ったものと解すべきである（最高裁昭和39年5月26日判決・最高裁判所民事判例集18巻4号667頁）。

ニ 未登記建物について書面によらない贈与契約がされた場合，贈与者の意思に基づき直接，受贈者名義に所有権保存登記が経由されたときは，贈与の履行が終ったものと解すべきである（最高裁昭和54年9月27日判決・判例時報952号53頁）。上記イの所有権移転登記が経由された場合と同じです。

QUESTION 3　贈与登記の申請手続

贈与登記の申請は，どのようにするのか。また，その登記申請に必要な添付情報（添付書類）は何か。

ANSWER

贈与登記の申請は，贈与者と受贈者が共同して行います。贈与登記に必要な添付情報は，登記原因証明情報，登記識別情報，売主の印鑑証明書，買主の住民票の写しなどです。

解説

(1) 贈与登記の申請

贈与登記の申請は，贈与者をする不動産を管轄する法務局に対して，贈与者と受贈者が共同して行います。もし，書面による贈与があったのにもかかわらず贈与者が登記申請に協力しない場合，または，書面によらない贈与が撤回されないのにもかかわらず，約束した日に贈与登記手続が履行されないときは，受贈者は贈与者を被告として所有権移転登記を求める裁判を提起し，その確定した勝訴判決に基づいて，受贈者が単独で登記の申請をすることができます。

(2) 贈与登記の添付情報

売買による所有権移転登記の申請には，原則として，次の添付情報（添付書面）を提供しなければなりません。

① 登記原因証明情報

贈与による所有権移転登記の申請には，「登記原因を証する情報」を提供しなければなりません（不登61）。「登記原因を証する情報」は，一般的に，登記原因証明情報といわれるものです。

贈与における登記原因証明情報といえるためには，当事者，目的不動産，

贈与日，贈与により所有権が移転した旨，これに当事者の記名押印（少なくても登記義務者である贈与者の記名押印）がされていることが必要です。後掲【登記原因証明情報の例】を参照。

② 登記識別情報

贈与者（登記義務者）が，自己の所有権の取得登記をしたときに法務局から通知された登記識別情報を提供しなければなりません（不登22本文）。なお，申請不動産を管轄する法務局の登記事務がオンライン化される前に，贈与者（登記義務者）が自己の所有権の取得登記をしたときは，登記義務者の権利に関する登記済証（いわゆる権利証）が交付されていますので，この書面を提供します。

なお，登記識別情報を，贈与者が紛失している場合など提供することができないときは，次のイまたはロの方法によります。

イ　登記官が事前通知書（照会書）を登記義務者に送付して，2週間以内（外国に住所がある場合は4週間以内）に，その通知書の返却を受ける方法。この照会書には登記義務者が記名押印（印鑑証明書の印）します。

ロ　申請代理人が，登記官に本人確認情報を提供する方法。当該申請が登記の申請の代理を業とすることができる司法書士などの代理人によってされた場合であって，登記官が当該代理人から法務省令で定めるところにより当該申請人が登記義務者であることを確認するために必要な情報の提供を受け，かつ，その内容を相当と認めるときは，イの方法は採られません。

③ 贈与者の印鑑証明書

贈与者が，個人の場合は市区町村長が発行した印鑑証明書，法人の場合は法務局の登記官（または許認可役所）が発行した印鑑証明書を提供します。上記の印鑑証明書の有効期間は，いずれも作成後3か月以内です（不登令16・18）。なお，法人の印鑑証明書を作成する法務局と不動産登記の申請をする法務局とが同一の管轄であるときは，次の法務局を除き，印鑑証明書の提供を省略することができます。

> 【印鑑証明書の提供を省略できない法務局】
> 　　東京法務局　　横浜地方法務局　　名古屋法務局　　京都地方法務局
> 　　大阪法務局　　神戸地方法務局　　福岡法務局

④　法人の場合は，法人の代表者の資格証明情報

　贈与者または受贈者が法人であるときは，当該法人の代表者の資格を証する情報を提供しなければなりません。資格証明情報の有効期間は，作成後3か月以内です（不登令17）。

　なお，法人の資格証明情報を作成する法務局と不動産登記の申請をする法務局とが同一の管轄であるときは，上記③の法務局を除き，資格証明情報の提供を省略することができます。

⑤　受贈者の住所を証する情報

　受贈者が個人の場合は住民票の写しまたは戸籍の附票，法人の場合は法人の登記事項証明書（④の資格証明情報で兼用することができます）。住所を証する情報は，有効期間の制限がありません。

⑥　代理人によって登記を申請する場合は，委任状

⑦　評価証明書

　登録免許税を計算するために必要となります。この書面は，贈与不動産を管轄する市区町村役場で取得します。

⑧　その他特殊なケースにおける添付情報

　受贈者が未成年者の場合は，当該未成年者および未成年者の法定代理人（親権者・未成年後見人）の戸籍謄（抄）本，未成年後見人選任の審判書（未成年後見の場合）などが必要となります。

　農地を贈与する場合は，農地法所定の許可書（または届出書）が必要です。

登記原因証明情報の例

登記原因証明情報

1　登記申請情報の要項
　(1)　登記の目的　　所有権移転登記
　(2)　登記の原因　　平成22年7月25日贈与
　(3)　当事者　　　　権利者　〇市〇町〇丁目〇番地　B（氏名）
　　　　　　　　　　義務者　〇市〇町〇丁目〇番地　A（氏名）
　(4)　不動産の表示
　　　　　　　　　　〇市〇町〇丁目〇番　宅地　〇〇〇・〇〇㎡
2　登記の原因となる事実又は法律行為
　(1)　平成22年7月25日，AはBに対し本件不動産を贈与し，Bはこれを受諾した。
　(2)　よって，本件不動産の所有権は，同日AからBに移転した。

平成〇年〇月〇日法務局御中
　　ABは，上記内容を確認の上，登記原因証明情報として提供する。
　　　　　権利者　〇市〇町〇丁目〇番地　B　㊞
　　　　　義務者　〇市〇町〇丁目〇番地　A　㊞

QUESTION 4 　負担付贈与

負担付贈与とは，どのような贈与をいうのか。

ANSWER

負担付贈与とは，贈与者が受贈者にある財産を贈与するに際し，受贈者に一定の義務を負担させる贈与契約です。

解説

(1) 負担付贈与とは

負担付贈与とは，贈与者が受贈者にある財産を贈与するに際し，受贈者に一定の給付（義務）を負担させる贈与契約をいいます。たとえば，Aが，「私が所有する不動産をBに贈与するから，Bは，清掃業者が毎月行うAの自宅の清掃費用を負担せよ」という義務を課して，当該不動産を贈与したときは，この贈与契約は負担付贈与契約になります。すなわち，負担付贈与契約とは，「君に，無償である財産をやるから，君は，ある義務を負担せよ」という契約です。

判例は，負担付贈与においては，受贈者がその負担である義務の履行を怠るときは，民法541条〔債務不履行による契約の解除〕，542条〔定期行為の履行遅滞による契約の解除〕の規定を準用して，贈与者は贈与契約を解除することができると述べています（最高裁昭和53年2月17日判決・判例タイムス360号143頁～養親が養子に対し，養親を扶養すること等を条件としてした負担付贈与が，養子の負担である義務の不履行により解除されたものと認められた事案）。

(2) 負担付贈与の登記

負担付贈与があったことにより不動産の所有権が移転した場合，その登記は，登記原因を「平成○年○月○日贈与」として申請することになります。「平成○年○月○日負担付贈与」ではありません。したがって，当該不動産の登記事

項証明書では，単なる贈与（負担付でない贈与）か負担付贈与であるかは分かりません。

なお，負担付贈与による所有権移転であっても，登記申請の添付情報は，負担付でない贈与の場合（→168頁Ｑ３）と変わりません。

QUESTION 5 　死因贈与

Aの生前に，Bに不動産を贈与することを約束し，その贈与契約の効力はAの死亡時に発生したいと考えている。どのような契約をしたらよいか。

ANSWER

Aを贈与者・Bを受贈者として，Aが死亡したら当該不動産の所有権はBに移転する，という死因贈与契約を締結します。死因贈与契約は，贈与者が死亡した時に効力が発生します。

解説

(1) 死因贈与契約

死因贈与契約とは，贈与者の死亡によって贈与の効力が発生する贈与契約をいいます。たとえば，「私が死んだら，現在私が住んでいる建物と土地を，あなたに贈与しよう」という例をあげることができます。この場合は，その死因贈与契約に特段の定めがない限り，贈与者Aの死亡と同時に，当該不動産の所有権が受贈者Bに移転します（Aの死亡により，Bが当該不動産の所有者となるわけです）。

(2) 死因贈与と遺贈

贈与者の死亡と同時に受贈者に不動産の所有権を移転させるという上記の例は，遺言者の死亡により贈与の効力が発生するという遺贈の方法（→192頁Q1）によっても，目的を達することができます。しかし，死因贈与と遺贈では次の点が異なっています。

① 死因贈与は，贈与者と受贈者との契約です。したがって，AB間で有効に成立した書面による贈与契約は，贈与者の一方的意思表示で撤回することが

できません。また，遺言による必要はありません。
② 遺贈は，民法が定める遺言の方式（→148頁Q22）によって行わなければなりません。しかし，遺言の行為は遺言者の単独の意思表示によって行うことができ，遺言者は遺言の方式にしたがって，これをいつでも取り消すことができます。
③ 死因贈与の場合は，受贈者の贈与を受けるという権利を保全するために所有権の仮登記をすることができます（→180頁Q7）。しかし，遺贈の場合は，遺言者の生前に，受遺者（遺贈を受ける者）の権利を保全するために仮登記をすることはできません（→215頁Q13）。

QUESTION 6　死因贈与による所有権移転登記

贈与者の死亡により死因贈与の効力が発生した場合，その所有権移転登記の申請手続はどのようにするのか。

ANSWER

　死因贈与契約に基づく所有権移転登記は，死因贈与契約の効力が発生した時以降にすることができます。
　死因贈与契約書に執行者の定めがあるか否かによって申請人，添付情報が異なります。執行者の定めがあるときは執行者と受贈者とで申請を行い，執行者の定めがないときは贈与者の相続人全員と受贈者とで申請を行います。

解説

　死因贈与契約に基づく贈与者から受贈者への所有権移転登記は，死因贈与契約の効力が発生した時（贈与者が死亡した時）以降にすることができます。死因贈与による所有権移転登記の申請手続は，死因贈与契約書で執行者が定められている場合と定められていない場合とでは，登記の申請人および添付情報（添付書類）が次のように異なります。

(1)　死因贈与契約書で執行者が定められている場合

① 申　請　人

　死因贈与による所有権移転登記の申請は，受贈者（死因贈与を受ける者）を登記権利者，贈与者を登記義務者として行います。しかし，死因贈与は贈与者の死亡によって効力が発生しますから，贈与者は登記義務者ではありますが，実際に登記手続に関与することは不可能です。
　したがって，死因贈与契約書で執行者が定められている場合は，その執行

者と受贈者の共同申請で行います。
② 添付情報

次の添付情報（添付書類）を，登記申請情報（登記申請書）とともに提供しなければなりません。

イ　登記原因証明情報

死因贈与契約書および贈与者の死亡事項が記載されている（除）戸籍謄本（抄本），贈与者の住民票の除票または戸籍の附票が該当します。なお，死因贈与契約書には，当事者，目的の不動産，死因贈与契約である旨等が記載されていることが必要です。

ロ　登記識別情報（登記済証）

登記義務者（贈与者）が所有権移転登記を受けたときに通知（作成）された登記識別情報（または，登記義務者の権利に関する登記済証）。なお，紛失等により登記識別情報または登記済証を提供することができないときは，169頁のＱ３②を参照。

ハ　登記権利者の住所を証する情報

受贈者の住民票の写し，または戸籍の附票。

ニ　登記義務者の印鑑証明書

作成後３か月以内のもの。

ホ　代理権限証書

執行者の指定のある死因贈与契約書が公正証書であるときは，当該公正証書のみで足ります。私署証書で作成されているときは，当該死因贈与契約書のほかに，当該死因贈与契約書に押印した贈与者の印鑑証明書または贈与者の相続人全員の承諾書（印鑑証明書付き）のいずれかを提供しなければなりません。これらの印鑑証明書については，有効期間の制限はありません。なお，贈与者の相続人全員であることを証するために，贈与者の相続人関係が判明する（除）戸籍謄本（原則として，贈与者の出生から死亡までの戸籍）も提供すべきでしょう。

代理人によって登記の申請をする場合は委任状を提供します。

h　評価証明書

　　　　登録免許税を算出するために提供します。

　　　（注）　農地の場合は、農地法所定の許可書（または届出書）が必要です。

(2)　**死因贈与契約書で執行者が定められていない場合**

① 申　請　人

　　死因贈与による所有権移転登記の申請は、受贈者（死因贈与を受ける者）を登記権利者、贈与者を登記義務者として行いますが、死因贈与は贈与者の死亡により効力が発生するため贈与者が実際に登記手続に関与することは不可能です。

　　したがって、死因贈与契約書で執行者が定められていない場合は、贈与者の相続人全員と受贈者の共同申請で行います。

② 添　付　情　報

　　次の添付情報（添付書類）を、登記申請情報（登記申請書）とともに提供しなければなりません。

　　イ　登記原因証明情報

　　　　死因贈与契約書および贈与者の死亡事項が記載されている(除)戸籍謄本（抄本）、贈与者の住民票の除票または戸籍の附票が該当します。なお、死因贈与契約書には、当事者、目的の不動産、死因贈与契約である旨等が記載されていることが必要です。

　　ロ　登記識別情報（登記済証)

　　　　登記義務者（贈与者）が所有権移転登記を受けたときに通知（作成）された登記識別情報（または、登記義務者の権利に関する登記済証）。なお、紛失等により登記識別情報または登記済証を提供することができないときは、169頁のQ3②を参照。

　　ハ　相続証明書

　　　　贈与者の相続人全員であることを証明するために、原則として、被相続人の出生から死亡までの(除)戸籍謄本および相続人全員の戸籍謄(抄)本を提供します。

ニ 登記権利者の住所を証する情報
　受贈者の住民票の写し,または戸籍の附票。
ホ 贈与者の相続人全員の印鑑証明書
　作成後3か月以内のもの。
ヘ 代理権限証書
　177頁②ホを参照。
ト 評価証明書
　登録免許税を算出するために提供します。

QUESTION 7 ● 死因贈与の仮登記

死因贈与契約は贈与者の死亡により効力が発生すると聞いているが、贈与を受ける権利を保全するために仮登記をすることができるか。

ANSWER

死因贈与契約を締結したときは、受贈者の贈与を受ける権利を保全するために、受贈者は始期付所有権移転仮登記をすることができます。

解説

(1) 死因贈与契約に基づく所有権移転の仮登記手続
① 始期付所有権移転仮登記

死因贈与契約は贈与者から受贈者に贈与をする契約ですが、その贈与の効力は贈与者の死亡によって生じます（民554）。したがって、贈与者の生存中には贈与の効力が生じていないので（「贈与」という登記原因が発生していないので）、贈与者から受贈者に対して、贈与で所有権が移転したとする登記（所有権移転登記）は申請することができません。

しかし、死因贈与契約は贈与者と受贈者の合意によって締結されているので、受贈者が贈与を受けるという権利を仮登記によって保全することはできます。この仮登記は、始期を「A（贈与者）の死亡」とする「始期付所有権移転仮登記」を申請することになります。「始期」とは、法律行為の効力を発生させたり、法律行為の効果として生ずる債務の履行を請求できるようになる期限をいいます。死因贈与契約は贈与者の死亡により効力が発生するので、「始期　Aの死亡」として登記をします。

【始期付所有権移転仮登記の登記事項証明書例】～死因贈与の例

権 利 部（甲区）	（所有権に関する事項）		
順位番号	登記の目的	受付年月日・受付番号	権利者その他の事項
1	所有権保存	平成〇年〇月〇日 第〇号	所有者　〇市〇町〇丁目〇番地 平成一郎
2	始期付所有権 移転仮登記	平成〇年〇月〇日 第〇号	原　因　平成〇年〇月〇日贈与 ❶　　　（始期平成一郎の死亡） 権利者　〇市〇町〇丁目〇番地 平成太郎
	余白　❷	余白	余白

❶　原因は「死因贈与」ではなく，「贈与」と登記されます。始期付所有権移転仮登記の始期が登記されます。

❷　死因贈与契約の効力が発生（昭和一郎が死亡）したときは，2番の仮登記を本登記にすることができます。この本登記は余白欄にされます。本登記をすることにより，第三者に対して対抗力を備えることになります。

② 申　請　人

　始期付所有権移転仮登記は，原則として，贈与者と受贈者との共同申請によって行います。ただし，仮登記の申請は，仮登記義務者（贈与者）の承諾書（印鑑証明書付）を提供して，仮登記権利者（受贈者）が単独で行うこともできます（不登107）。

③ 添 付 情 報

　イ　贈与者と受贈者との共同申請でする場合の始期付所有権移転仮登記の添付情報は，次のものです。

　　㈠　登記原因証明情報

　　　後掲の【登記原因証明情報の例】を参照。

　　㈡　贈与者の印鑑証明書

　　　作成後3か月以内のもの。

㈥　代理権限証書

　　　代理人によって登記の申請をする場合は委任状を提供します。

　㈮　評価証明書

　　　登録免許税を算出するために提供します。

ロ　仮登記権利者である受贈者が，始期付所有権移転仮登記を単独で申請する場合は，次の添付情報が必要です。

　㈲　登記原因証明情報

　　　イの㈲と同じです。

　㈺　贈与者の承諾書（印鑑証明書付）

　　　後掲の【贈与者の承諾書】を参照。

　㈥　代理権限証書

　　　代理人によって登記の申請をする場合は委任状を提供します。

　㈮　評価証明書

　　　登録免許税を算出するために提供します。

登記原因証明情報の例

登記原因証明情報

1 登記申請情報の要項
 (1) 登記の目的　　始期付所有権移転仮登記
 (2) 登記の原因　　平成〇年〇月〇日贈与
 　　　　　　　　　（始期　平成一郎の死亡）
 (3) 当　事　者　　〇市〇町〇丁目〇番〇号
 　　　　　　　　　　権利者　平　成　太　郎
 　　　　　　　　　〇市〇町〇丁目〇番〇号
 　　　　　　　　　　義務者　平　成　一　郎
 (4) 不動産の表示　〇市〇町〇丁目8番
 　　　　　　　　　　宅地　100・00㎡
2 登記の原因となる事実又は法律行為
 (1) 受贈者平成太郎と贈与者平成一郎は，平成〇年〇月〇日，本件不動産につき，「平成一郎の死亡」を始期とする死因贈与契約を締結した。❶
 (2) 平成太郎と平成一郎は，平成〇年〇月〇日，上記内容による始期付所有権移転仮登記を申請することを合意した。

登記原因は上記のとおりであることを双方確認した。
　平成〇年〇月〇日
　　　　　　　　　　権利者　　〇市〇町〇丁目〇番〇号
　　　　　　　　　　　　　　　平　成　太　郎 ㊞ ❷
　　　　　　　　　　義務者　　〇市〇町〇丁目〇番〇号
　　　　　　　　　　　　　　　平　成　一　郎 ㊞

❶　死因贈与契約を締結した日付を記載します。
❷　登記原因証明情報については，登記権利者および登記義務者が押す印鑑については法令上制限がありません。

■ 贈与者の承諾書

```
                    承　諾　書
　私は，後記記載の不動産について，貴殿が仮登記権利者として，平成〇年〇
月〇日贈与（始期　平成一郎の死亡）を登記原因とする始期付所有権移転仮登
記を申請することを承諾します。
　　平成〇年〇月〇日
                              〇市〇町〇丁目〇番地
                        （仮登記義務者）平　成　一　郎　㊞　❶
　　〇市〇町〇丁目〇番地
　（仮登記権利者）　平成太郎　殿　❷

　　不動産の表示
　　　　〇市〇町〇丁目8番
　　　　宅地　100・00㎡
```

❶　仮登記義務者である贈与者の印鑑証明書の印（実印）を押します。この承諾書に贈与者の印鑑証明書を添付します。印鑑証明書については，有効期間の制限はありません。

❷　仮登記権利者である受贈者を記載します。

(2)　死因贈与契約が公正証書で作成されている場合

　死因贈与契約書は，公正証書で作成することもできます。死因贈与契約書を公正証書で作成した場合において，仮登記義務者（贈与者）が所有権移転の仮登記を申請することを認諾している旨の記載があるときは，仮登記義務者の印鑑証明書を添付しなくても，この公正証書を利用して仮登記権利者は単独で仮登記（始期付所有権移転仮登記）の申請をすることができます（昭和54年7月19日民三第4170号民事局長通達）。公正証書を作成する段階で仮登記義務者（贈与者）の印鑑証明書を公証人に提出するため，仮登記の申請をする段階で承諾書に再度仮登記義務者（贈与者）の印鑑証明書を添付させる必要はないとされています。

　上記の公正証書は，当該仮登記の申請における登記原因証明情報として使用

することができます。この場合には公正証書の写しを提供して，登記完了後に当該公正証書の原本の返却（原本還付扱い）を受けることができます。

QUESTION 8　死因贈与の仮登記の本登記

死因贈与契約に基づき，贈与者の生前に始期付所有権移転仮登記をした。今般，贈与者が死亡したので，この仮登記を本登記にしたい。本登記手続は，どのようにすべきか。

ANSWER

始期付所有権移転仮登記の本登記手続は，死因贈与契約書に執行者が定められているか，いないか，によって異なります。執行者が定められている場合は執行者と受贈者とが共同申請し，執行者が定められていない場合は贈与者の相続人全員と受贈者との共同申請になります。

解説

死因贈与契約に基づき始期付所有権移転仮登記をしている場合に，この仮登記を本登記にすることができる時期は，贈与者が死亡した時以降になります。その理由は，死因贈与は贈与者の死亡によって効力が発生し，贈与者の相続人は贈与債務（贈与の対象である物件の引渡し，所有権移転登記など）を履行しなければならないからです。

死因贈与契約に基づく始期付所有権移転仮登記を所有権移転本登記にする申請手続は，死因贈与契約書で執行者が定められている場合と定められていない場合とでは，登記の申請人および添付情報（添付書類）が次のように異なります。

(1) **死因贈与契約書で執行者が定められている場合**
① 申請人

死因贈与契約に基づく始期付所有権移転仮登記を所有権移転本登記にする申請手続は，受贈者（死因贈与を受ける者）を登記権利者，贈与者を登記義務

-186-

者として行います。しかし，死因贈与は贈与者の死亡によって効力が発生しますから，贈与者は登記義務者ではありますが，実際に登記手続に関与することは不可能です。したがって，死因贈与契約書で執行者が定められている場合は，その執行者と受贈者の共同申請で行います。

② 添付情報

次の添付情報（添付書類）を，登記申請情報（登記申請書）とともに提供しなければなりません。

イ 登記原因証明情報

死因贈与契約書および贈与者の死亡事項が記載されている（除）戸籍謄本（抄本），贈与者の住民票の除票または戸籍の附票が該当します。なお，死因贈与契約書には，当事者，目的の不動産，死因贈与契約である旨等が記載されていることが必要です。

ロ 登記識別情報（登記済証）

登記義務者（贈与者）が所有権移転登記を受けたときに通知（作成）された登記識別情報（または，登記義務者の権利に関する登記済証）。なお，紛失等により登記識別情報または登記済証を提供することができないときは，169頁のＱ３②を参照。

ハ 登記権利者の住所を証する情報

受贈者の住民票の写し，または戸籍の附票。

ニ 登記義務者の印鑑証明書

作成後３か月以内のもの。

ホ 代理権限証書

執行者の指定のある死因贈与契約書が公正証書であるときは，当該公正証書のみで足ります。私署証書で作成されているときは，当該死因贈与契約書のほかに，当該死因贈与契約書に押印した贈与者の印鑑証明書または贈与者の相続人全員の承諾書（印鑑証明書付き）のいずれかを提供しなければなりません。これらの印鑑証明書については，有効期間の制限はありません。なお，贈与者の相続人全員であることを証するために，贈与者の相

続人関係が判明する（除）戸籍謄本（原則として，贈与者の出生から死亡までの戸籍）も提供すべきでしょう。

代理人によって登記の申請をする場合は委任状を提供します。

ヘ　評価証明書

登録免許税を算出するために提供します。

（注）農地の場合は，農地法所定の許可書（または届出書）が必要です。

(2) 死因贈与契約書で執行者が定められていない場合

① 申　請　人

死因贈与契約に基づく始期付所有権移転仮登記を所有権移転本登記にする申請手続は，受贈者（死因贈与を受ける者）を登記権利者，贈与者を登記義務者として行いますが，死因贈与は贈与者の死亡により効力が発生するため贈与者が実際に登記手続に関与することは不可能です。したがって，死因贈与契約書で執行者が定められていない場合は，贈与者の相続人全員と受贈者の共同申請で行います。

② 添付情報

次の添付情報（添付書類）を，登記申請情報（登記申請書）とともに提供しなければなりません。

イ　登記原因証明情報

死因贈与契約書および贈与者の死亡事項が記載されている（除）戸籍謄本（抄本），贈与者の住民票の除票または戸籍の附票が該当します。なお，死因贈与契約書には，当事者，目的の不動産，死因贈与契約である旨等が記載されていることが必要です。

ロ　登記識別情報（登記済証）

登記義務者（贈与者）が所有権移転登記を受けたときに通知（作成）された登記識別情報（または，登記義務者の権利に関する登記済証）。なお，紛失等により登記識別情報または登記済証を提供することができないときは，169頁のＱ３②を参照。

ハ　相続証明書

贈与者の相続人全員であることを証明するために，原則として，被相続人の出生から死亡までの（除）戸籍謄本および相続人全員の戸籍謄（抄）本を提供します。

ニ　登記権利者の住所を証する情報

受贈者の住民票の写し，または戸籍の附票。

ホ　贈与者の相続人全員の印鑑証明書

作成後3か月以内のもの。

ヘ　代理権限証書

代理人によって登記の申請をする場合は委任状を提供します。

ト　評価証明書

登録免許税を算出するために提供します。

（注）　農地の場合は，農地法所定の許可書（または届出書）が必要です。

【始期付所有権移転仮登記の本登記をした登記事項証明書例】～死因贈与の例

権　利　部（甲区）　　（所有権に関する事項）			
順位番号	登記の目的	受付年月日・受付番号	権利者その他の事項
1	所有権移転	平成〇年〇月〇日第〇号	所有者　〇市〇町〇丁目〇番地 　　　　平成一郎
2	始期付所有権移転仮登記❶	平成〇年〇月〇日第〇号	原　因　平成〇年〇月〇日贈与 　　　　（始期平成一郎の死亡） 権利者　〇市〇町〇丁目〇番地 　　　　平成太郎
	所有権移転登記　❷	平成〇年〇月〇日第〇号	原　因　平成〇年〇月〇日贈与　❸ 所有者　〇市〇町〇丁目〇番地 　　　　平成太郎

❶　死因贈与契約に基づき始期付所有権移転仮登記をしている例です。

❷　平成一郎が死亡して死因贈与契約の効力が発生したので，❶の仮登記を本登記にした例です。

❸　本登記の原因日付は，贈与者平成一郎が死亡した日となります。

第5章

不動産登記Q&A ［遺贈編］

QUESTION 1 遺贈とは

遺贈とは，どのようなことか。

ANSWER

遺贈とは，遺言により無償で財産的利益を他人に与える行為をいいます。遺贈をする者を遺贈者，遺贈を受ける者を受遺者といい，相続人，相続人以外の者，法人は受遺者となることができます。

解説

(1) 概説

遺贈とは，民法が定める遺言の方式によって（→148頁Q22），無償で財産的利益を他人に与える行為です。

他人に財産上の利益を与えるものであれば，所有権・地上権などの物権，債権の移転，使用収益権，抵当権などの担保権の設定であると，債務の免除，権利の放棄であるとを問わないし，遺贈義務者に一定の作為（例～物を引き渡す）・不作為（例～物を引き渡しをしない）の義務を負わせるのも遺贈であり，一身専属でない財産権はすべて遺贈の対象になります。これに対して，財産上の利益を与えるものでないものは，遺贈としては無効とされます（蕪山巌他『遺言法体系』206頁（西神田編集室））。たとえば，債務の弁済をするために遺言執行者に不動産を売却させることは遺贈にあたりません（大審院大正6年7月5日判決・大審院民事判決録23巻1276頁）。

(2) 遺贈の当事者

遺贈をする者を遺贈者（遺言で遺贈をするため「遺言者」とも言えます），遺贈を受ける者を受遺者といいます。

遺言をすることができる者（→148頁Q22）は，遺言によって遺贈をすること

ができます。遺贈者の相続人，遺贈者の相続人以外の自然人（法人に対する語で個人のこと），法人は遺贈を受けることができます。胎児も受遺者となることができますが（民965），生きて生まれることが条件とされます。なお，相続人の欠格事由（→110頁Q11）に該当する相続人は，受遺者となることはできません（民965）。

QUESTION 2 　特定遺贈・包括遺贈

特定遺贈，包括遺贈とは，どのようなことか。

ANSWER
特定遺贈は，遺贈する財産を個々に特定して遺贈の目的とするものです。包括遺贈は，個々の財産を特定するのではなく，遺産の全部あるいは何分の1を与えるという遺贈の方法です。

解説

遺言者（遺贈者）が遺言で自分の財産の処分方法を決める場合に，特定の財産を目的とするのか，あるいは財産の全部または一定の割合を目的とするのかによって，特定遺贈と包括遺贈とに分けることができます。

(1) 特定遺贈

特定遺贈は，遺贈する財産を個々に特定して遺贈の目的とするものです。たとえば，「甲市乙町2丁目10番　宅地　100・00㎡」をAに遺贈するというように特定した物を対象物として定めたり（特定物の遺贈），あるいは，現金500万円とか所有株券中500万円分をBに遺贈するというように一定の種類・一定量を定めて遺贈する方法（不特定物の遺贈）が特定遺贈です。

特定遺贈においては，遺贈の目的となるのは権利（財産上の利益）に限られ，包括遺贈のように権利（財産上の利益）のほかに当然に遺言者の義務を承継するということはありません。

遺言者（遺贈者）の死亡によって遺言の効力が発生した時は，遺贈の目的物が特定物であるときは，遺贈物の所有権は直ちに受遺者に移転します（物権的効力説。大審院大正5年11月8日判決・大審院民事判決録22巻2078頁ほか，多数の判例。ただし，農地については農地法所定の許可を要します）。不動産が目的物の場合は，

登記をすることが第三者に対する対抗要件となります（→2頁1(1)）。

【特定遺贈】

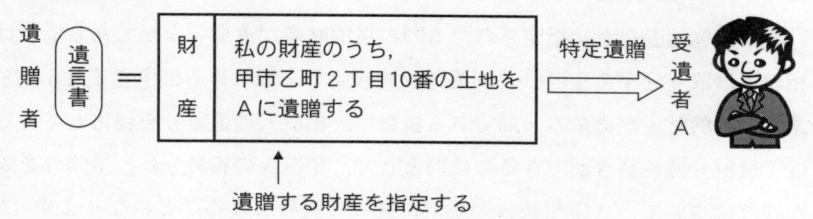

遺贈者（遺言書）＝財産｜私の財産のうち，甲市乙町2丁目10番の土地をAに遺贈する｜→特定遺贈→受遺者A

↑遺贈する財産を指定する

【包括遺贈】

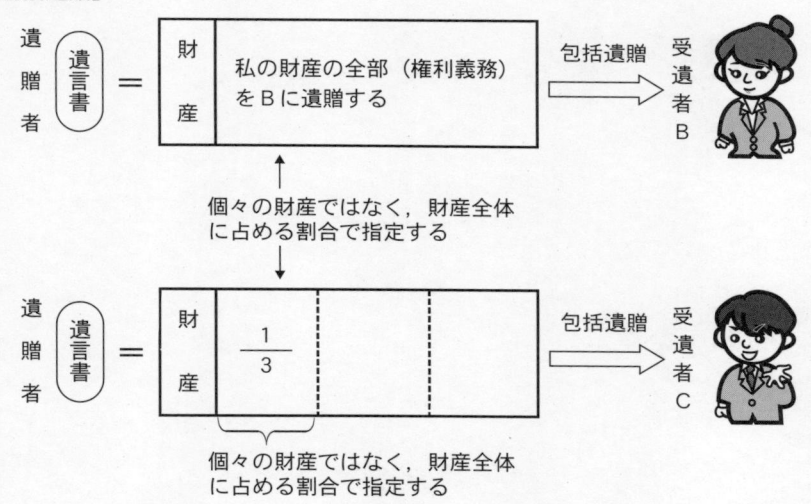

遺贈者（遺言書）＝財産｜私の財産の全部（権利義務）をBに遺贈する｜→包括遺贈→受遺者B

↕個々の財産ではなく，財産全体に占める割合で指定する

遺贈者（遺言書）＝財産｜1/3｜→包括遺贈→受遺者C

↕個々の財産ではなく，財産全体に占める割合で指定する

(2) 包 括 遺 贈

　包括遺贈は，遺贈の対象となる遺産の全部あるいは何分の1を遺贈する，という形でされる遺贈のことをいいます。たとえば，「遺言者は，遺言者の有する財産の全部を，Bに包括して遺贈する。」，あるいは，「遺言者は，遺言者の有する全財産の3分の1を，Cに包括して遺贈する。」というように遺言します。

　包括遺贈を受けた受遺者（包括受遺者といいます）は，相続人と同一の法律的地位に立つことになり，相続の承認，相続の放棄，遺産分割などの民法の規定

がそのまま適用されます（民990）。包括受遺者は，相続人と同一の権利義務を有するとされているので（民990），遺言者の一身に専属するものを除き，権利のほかに債務も承継することになります。

なお，包括受遺者に指定された遺贈の目的財産が遺産の全部である場合は，相続人は取り分がなく[注]，ただ遺留分減殺請求をなし得るにすぎません（通説）。遺贈の目的財産が遺産の一部である場合は，相続人の遺留分を侵害している限度で遺留分減殺請求ができるのは別として，相続人の相続分は，遺贈分を除いた残部について，法定相続分の規定に従って決められることになります（蕪山嚴他『遺言法体系』224頁（西神田編集室））。

[注] 相続人の地位は失われないから，相続債務があるときは，相続債権者の請求に服することになるとする見解があります（蕪山嚴他『遺言法体系』225頁の注1）を参照（西神田編集室））。

QUESTION 3　負担付遺贈

負担付遺贈とは，どのような遺贈か。

ANSWER

遺贈者（遺言者）が受遺者に対して財産を遺贈する代わりに，受遺者に法律上の義務を負担させる遺贈を，負担付遺贈といいます。義務の負担は，遺贈の目的の価額を超えない限度とされています。

解説

　負担付遺贈とは，「受遺者に一定の法律上の義務を負担させる遺贈」をいいます（我妻榮・唄孝一『判例コンメンタールⅧ　相續法』285頁（コンメンタール刊行会・日本評論社））。たとえば，遺言者Aが自分の土地・建物をBに遺贈する代わりに，BはCに100万円を与える，という遺言が負担付遺贈となります。この例では，Cは受益者と言われています。負担付遺贈は，特定遺贈についても包括遺贈についてもあり得ます。

　なお，負担付遺贈は遺言者の単独行為（相手方との意思の合致を要しない法律行為）で行うことができます。したがって，遺言者の単独行為で受遺者に不利益を課すことはできないので，受遺者に対する遺贈の利益と負担の不利益を考えて，負担付遺贈を受けた者は，遺贈の目的の価額を超えない限度においてのみ，負担した義務を履行する責任を負います（民1002①）。

QUESTION 4　遺贈の承認・放棄

遺贈の承認または放棄は，自由にすることができるか。承認または放棄をすることができる期間は，制限があるか。

ANSWER

包括遺贈の場合は，包括受遺者が遺贈の事実を知った時から3か月以内に遺贈の承認・放棄をすることができます。特定遺贈の場合は，期間の制限はありません。

解説

受遺者は，遺贈を受けることの承認または遺贈の放棄を自由にすることができます。第三者から利益を受けることを強制されるべきではないという理由です。このことは，原則として，包括遺贈であっても特定遺贈であっても変わりませんが，包括遺贈と特定遺贈とでは放棄・承認をすることができる期間等が異なるので，次に分けて解説します。

(1) 包括遺贈の場合

遺言者から包括遺贈を受ける受遺者（包括受遺者）は，遺言者の相続人と同一の権利義務を有するので（民990），遺贈の承認・放棄についても，相続人の相続の承認・放棄の規定（民915以下）によることになります。したがって，遺贈の承認・放棄に関する民法986条ないし989条の規定は，特定遺贈について適用されることになります。

包括受遺者の遺贈についての承認または放棄は，相続人の相続の承認・放棄の規定（民915以下）によることになるため，包括受遺者は，遺贈の事実を知った時から3か月以内（熟慮期間→140頁Q20を参照）に，単純，限定承認または放

-198-

棄をしないと単純承認したものとみなされます。また，相続の場合における相続人の法定単純承認の事由（民921）に該当する場合は，包括受遺者は単純承認したものとみなされます。

(2) 特定遺贈の場合

受遺者は，遺言者の死亡後いつでも特定遺贈の承認をすることができますが（大審院明治31年3月15日判決・大審院民事判決録4巻3号37頁），遺贈は相手方のない単独行為ですから，遺言者の死亡時に，受遺者の承認がなくても，遺贈の効力が発生します。受遺者は，いつでも遺贈の放棄をすることができますが，遺言で別段の定めがあるときは，それに従います。

遺贈義務者（遺贈の履行をする義務を負う者をいいます）その他の利害関係人は，受遺者に対し，相当の期間を定めて，その期間内に遺贈の承認または放棄をすべき旨の催告をすることができます。この場合において，受遺者がその期間内に遺贈義務者に対してその意思を表示しないときは，遺贈を承認したものとみなされます（民987）。

QUESTION 5 遺留分を侵害する遺贈

父が，遺言で遺産の全部を，共同相続人中の1人に，または，相続人以外の者に遺贈した場合，相続人は遺留分減殺の請求をすることができるか。

ANSWER

遺留分を侵害する遺贈があっても，遺留分権利者の遺留分減殺請求に服するだけであり，遺贈は無効になりません。

解説

遺言者が，遺言で遺産の全部を，①共同相続人中の1人に遺贈した場合，または，②相続人以外の者に遺贈した場合は，相続人は遺留分を侵害されることになります（遺言者の兄弟姉妹は遺留分がありません）。遺留分を侵害する遺贈があった場合でも，その遺贈が無効となるわけではなく，遺留分権利者（遺留分の減殺請求をすることができる者）が自己の遺留分の限度において，遺留分の減殺請求をすることができるだけです。

遺留分権利者から受遺者に対して遺留分減殺請求がされた場合は，遺留分減殺請求がされた範囲において，遺贈の範囲は縮減します。しかし，遺留分減殺請求がなされなかったときは，遺言どおりの遺贈がされることになります。

なお，本設例は「遺産の全部」の遺贈の例ですが，遺産を割合で遺贈（たとえば，全遺産の3分の1を遺贈）した場合（包括遺贈），あるいは特定物の遺贈（特定遺贈）をした場合であっても，遺留分を侵害するときは，遺留分権利者から遺留分減殺請求がなされれば，その請求に服することになります。

QUESTION 6 ●受遺者が遺贈者よりも先に死亡した場合

Aは，Bに遺贈する旨の遺言書を作成したが，遺言者Aが死亡する前に受遺者とされていたBが死亡した。この場合は，Bの相続人が遺贈を受けることができるか。

Answer

遺贈は，遺言者の死亡以前に受遺者が死亡したときは，その効力を生じません。ただし，遺言者が，遺言で別段の意思表示をしたときは，その意思表示に従うことになります。

解説

(1) 受遺者の死亡

遺言者Aの死亡以前に受遺者Bが死亡したときは，その遺贈は，効力を生じません（民994①）。また，民法994条1項は，「遺贈は，遺言者の死亡以前に受遺者が死亡したときは，その効力を生じない。」（傍点は筆者）と規定しているので，遺言者Aと受遺者Bとが同時死亡の推定（→113頁Q12）を受ける場合も，遺贈は無効となります。

受遺者の死亡によって遺贈の効力が生じなかったときは，その受遺者が受けるべきであった財産は，遺言者Aの相続人に帰属することになります。

停止条件付き(注)の遺贈については，受遺者がその条件の成就前に死亡したと

（注）　停止条件とは，法律行為に付けられる条件のうち，法律行為の発生を，将来発生するかどうか不確実な事実に係らせることをいいます。贈与の例ですが，「試験に合格すれば時計を与える」という場合の「試験に合格すれば」が停止条件の例となります。

―201―

きも上記と同じように遺贈は効力を生じません。ただし，遺言者が遺言で特別の意思表示をしているときは，その意思に従うことになります（民994②）。たとえば，遺言者Aが，受遺者Cに対して，「Cが結婚したら家屋を遺贈する」と遺言した場合，「Cが結婚したら」が停止条件付となります。この場合に，受遺者Cが遺言者Aよりも先に死亡したときは（同時死亡の場合を含みます），原則として遺贈の効力は生じません。

　上記の場合において，受遺者に相続人があっても，その相続人は遺贈を受ける権利を相続することはありません。その理由は，遺贈は，遺贈を受ける特定の個人に着目してなす財産処分行為であることから，遺言者の意思に関係なく当然に第三者が遺贈を受ける権利を引き継ぐというものではありません。このことは，特定遺贈，包括遺贈のいずれであっても同じです。相続人に遺贈を受けさせたい場合は，次の(2)を参照してください。

(2)　**遺言者による別段の意思表示**

　遺言者は，遺言で，受遺者が遺言者の死亡以前に死亡したときは，当該受遺者以外の者に遺贈を受けさせることの意思を表示することができます（民法995）。たとえば，遺言で，「遺言者は，甲市乙町1丁目10番　宅地　100・00㎡をBに遺贈する。ただし，遺言者の死亡以前にBが死亡したときは，これをその子の長男Dに遺贈する。」という別段の意思表示をしておけば，Bの先死亡の場合にはDを受遺者とする遺贈が効力を生じることになります。

第5章 不動産登記Q&A［遺贈編］

QUESTION 7　相続か遺贈かの取扱い

遺言者が作成した遺言書の記載では，「相続させる」という趣旨か，あるいは「遺贈する」という趣旨かが明確に判断できない場合，登記実務ではどのように取り扱われるのか。

ANSWER

相続人の1人に「相続」させる旨の遺言書による場合は，登記原因を「相続」とします。また，遺言書で遺産の処分を受けるのが相続人全員であるときは，遺言書に包括的に「遺贈」すると記載があっても，所有権移転登記は「相続」を登記原因とします。

解説

(1) 問　題　点

　遺言書に記載された文言が，相続人Aに対して甲不動産を「与える」とある場合，遺言者の意思が，相続人Aに甲不動産を「相続」させるという趣旨なのか，あるいは，相続人Aに甲不動産を「遺贈」するという趣旨なのかが判明しません。

　この遺言書に基づいて所有権移転登記の申請をする場合には，登記原因が「相続」か「遺贈」であるかが分からなくなるからです。登記原因が相続と遺贈とでは登記の申請人が異なってきます。登記原因が相続の場合は，当該不動産を相続した相続人の単独申請となりますが，登記原因が遺贈の場合は，遺言執行者と受遺者（本Qでは相続人）との共同申請となります。また，所有権移転登記の登録免許税率も異なってきます（205頁Q8参照）。

(2) 登記実務の取扱い

　遺言者の意思が，相続であるか遺贈であるかは遺言書全体の内容から遺言者の真意を判断せざるを得ませんが，登記実務は，遺言書に「相続」させるとあれば登記原因を「相続」とし，「遺贈」するとあれば登記原因を「遺贈」とするのが基本的な取扱いです。

　しかし，これには1つ例外があり，相続人の全員に対して包括的に「遺贈」するとある場合は，登記原因を「相続」として登記申請をする取扱いです（ただし，特定遺贈の場合は次の②を参照）。

　これらの登記原因についての主な登記先例等は，次のとおりです。

① 　相続財産の処分を受ける者が相続人の全員であるときは，遺言書に包括的に「遺贈」すると記載があっても，所有権移転登記は「相続」を登記原因とする（昭和38年11月20日民事甲第3119号民事局長回答）。

② 　「遺言者Xは，その遺産の全部を長男甲に相続させる」という遺言書に基づく所有権移転登記の登記原因は「相続」とする（昭和47年4月17日民事甲第1442号民事局長通達）。

③ 　相続人の全員に対して各別に「後記物件を遺贈する」旨の記載がある公正証書による遺言に基づく所有権移転の登記原因は，「遺贈」とする（昭和58年10月17日民三第5987号民事局第三課長回答）。

④ 　相続人中の1人に対して「後記不動産を遺贈する」とある遺言書に基づく所有権移転登記の登記原因は，「遺贈」である（昭和48年12月11日民三第8859号民事局長回答）。

⑤ 　被相続人の子が相続開始時に生存している場合において，遺言書に「財産を孫に相続させる」という記載があるときは，登記原因を「遺贈」とする（登記研究480・131）。

QUESTION 8　登録免許税の取扱い

所有権移転登記の登記原因が「遺贈」の場合に，遺贈を受ける者が相続人であるときと，相続人以外の者であるときでは，登録免許税は異なっているか。

Answer

遺贈を受ける者（受遺者）が遺言者の相続人であるときは，税率1,000分の4，相続人以外の者であるときは1,000分の20となります。ただし，相続人である旨の証明書が必要です。

解説

「遺贈」を登記原因とする所有権移転登記の登録免許税率は，受遺者が，遺言者の相続人以外の者であるか，あるいは相続人であるかによって，次のように異なってきます。

① 受遺者が遺言者の相続人以外の者である場合は，「遺贈」を登記原因とする所有権移転登記の登録免許税率は，課税価格（不動産の価額）に対して1,000分の20です（登免別表第一・一・㈡ハ）。

② 受遺者が遺言者の相続人である場合は，「遺贈」を登記原因とする所有権移転登記の登録免許税率は，課税価格（不動産の価額）に対して1,000分の4です（登免別表第一・一・㈡イ）。登録免許税法別表第一・一・㈡イにいう「相続」には，相続人に対する遺贈が含まれています（登録免許税法17条の表を参照）。

なお，この税率の適用を受けるためには，申請情報（登記申請書）に，受遺者が相続人であることを証する情報として，遺言書と遺言者が死亡して相続が開始したことおよび申請人が法定相続人であることを証する(除)戸籍謄本を添付しなければなりません（平成15年4月1日民二第1022号民事局長通達）。

QUESTION 9　第三者に対する対抗力

遺言書によって甲不動産の遺贈を受けた場合，遺贈の登記をしなくても遺贈を受けたことを第三者に対抗することができるか。

ANSWER

原則として，甲不動産の遺贈があったことを第三者に主張（対抗）するためには，遺贈による所有権移転登記が必要です。しかし，遺言書で遺言執行者が定められている場合に，遺言者の相続人が遺贈不動産を勝手に第三者に処分したときは，受遺者は登記がなくても当該第三者に自分の所有権を対抗することができます。

解説

(1) 原則的な考え方

＜設例＞

遺言者Aが，「甲土地をBに遺贈する」との遺言書を残して死亡した場合において，Bが遺贈による所有権移転登記をする前に，Aの相続人Cは，C名義に相続による所有権移転登記をした。その後，Cは，当該不動産をDに売却し，Dは売買による所有権移転登記を完了した。

この場合，受遺者Bは，第三者Dに対して，「この甲土地は自分の所有だ」と言って，Dの所有権登記を否定することができるか。

第5章 不動産登記Q&A［遺贈編］

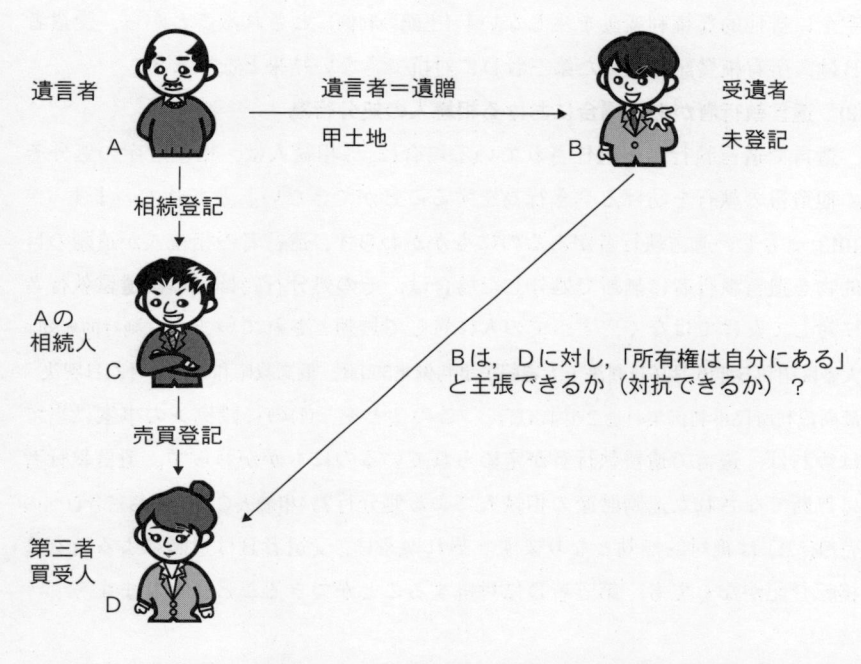

遺言者 A ──遺言者＝遺贈 甲土地──→ 受遺者 B 未登記

A ──相続登記──→ Aの相続人 C ──売買登記──→ 第三者買受人 D

Bは、Dに対し、「所有権は自分にある」と主張できるか（対抗できるか）？

　判例は、受遺者が遺贈の目的物である不動産の取得を第三者に対抗するためには、受遺者が登記を備えていなければならないとしています（最高裁昭和39年3月6日判決・最高裁判所民事判例集18巻3号437頁）。この判例は、「遺贈が効力を生じた場合においても、遺贈を原因とする所有権移転登記のなされない間は、完全に排他的な権利変動を生じないものと解すべきである。そして、民法177条が広く物権の得喪変更について登記をもって対抗要件としているところから見れば、遺贈をもってその例外とする理由はないから、遺贈の場合においても不動産の二重譲渡等における場合と同様、登記をもって物権変動の対抗要件とするものと解すべきである」としています。

　特定物の遺贈においては、遺言者Aの死亡によって遺言の効力が生じるのと同時に、目的物の所有権は受遺者Bに移転します（物権的効力説。大審院大正5年11月8日判決・大審院民事判決録22巻2078頁）。しかし、遺言者Aから受遺者Bに所有権が移転したとしても、「遺贈を原因とする所有権移転登記のなされない間は、

完全に排他的な権利変動を生じない」(上記の判例)とされることから，受遺者Bは，所有権登記を備えた第三者Dに対抗できない結果となります。

(2) 遺言執行者がある場合における相続人の処分行為

遺言で遺言執行者が選任されている場合は，「相続人は，相続財産の処分その他遺言の執行を妨げるべき行為をすることができない」とされています（民1013）。もし，遺言執行者があるのにもかかわらず，遺言者の相続人が遺贈の目的物を遺言執行者に無断で処分した場合は，その処分行為は，単に遺言執行者に対してだけではなく，すべての人に対して無効とされています（絶対的無効。大審院昭和5年6月16日判決・大審院民事判例集550頁，最高裁昭和62年4月23日判決・最高裁判所民事判例集41巻3号474頁）。 このことを，(1)の＜設例＞の事案に当てはめれば，遺言で遺言執行者が定められているのにもかかわらず，遺言執行者に無断でなされた遺贈財産の相続人による処分行為（相続人Cによる第三者Dへの売却行為）は絶対的無効となります。それゆえに，受遺者Bは遺贈による所有権移転登記がなくても，第三者Dに対抗することができることになります。

遺 贈 の 登 記

QUESTION 10 私は不動産の遺贈を受けたが，その登記申請手続はどのようにすべきか。

ANSWER

遺言で，遺言執行者が定められている場合は受遺者と遺言執行者とで，また，遺言執行者が定められていない場合は受遺者と相続人全員とで登記の申請を行います。

解説

遺贈の登記手続は，遺言で，遺言執行者を定められている場合と定められていない場合とで異なってきます。

(1) **遺言執行者が定められている場合**

① 申　請　人

遺贈を登記原因とする所有権移転登記の申請は，受遺者と遺言執行者との共同申請で行います。このことは，包括遺贈，特定遺贈であるかを問いません。

② 遺贈登記の添付情報

遺言執行者が定められている場合における遺贈を登記原因とする所有権移転登記の添付情報（添付書類）は，次のとおりです。

イ　登記原因証明情報

遺言書，遺言者の死亡事項が記載された（除）戸籍謄本を提供します。

ロ　登記識別情報（登記済証）

遺言者が遺贈不動産の所有権を取得したときに通知された登記識別情報または登記済証。

ハ　遺言執行者の印鑑証明書

　　　作成後3か月以内のもの。

　ニ　受遺者の住所証明情報

　　　住民票の写し、戸籍の附票が該当します。

　ホ　代理権限証書

　　　代理人によって登記の申請をする場合は、委任状を提供します。遺言執行者の代理権限を証明するために、遺言者を提供します。

　ヘ　評価証明書

　　　登録免許税を算出するために提供します。

　　　＜参照＞　農地の特定遺贈の場合は、農地法所定の許可書（届出書）が必要です。

(2) **遺言執行者が定められていない場合**

　遺贈を登記原因とする所有権移転登記の申請は、受遺者と遺言者の相続人全員との共同申請で行います。このことは、包括遺贈、特定遺贈であるかを問いません。

① 遺贈登記の添付情報

　遺言執行者が定められていない場合における遺贈を登記原因とする所有権移転登記の添付情報（添付書類）は、次のとおりです。

　イ　登記原因証明情報

　　　遺言書、遺言者の死亡事項が記載された（除）戸籍謄本を提供します。

　ロ　登記識別情報（登記済証）

　　　遺言者が遺贈不動産の所有権を取得したときに通知された登記識別情報または登記済証。

　ハ　相続人全員の印鑑証明書および戸籍謄本

　　　印鑑証明書は作成後3か月以内のもの。戸籍謄本は、遺言者の相続人であることがわかるように出生（または15歳以上）からのものが必要です。

　ニ　受遺者の住所証明情報

　　　住民票の写し、戸籍の附票が該当します。

ホ　代理権限証書
　　代理人によって登記の申請をする場合は，委任状を提供します。
ヘ　評価証明書
　　登録免許税を算出するために提供します。
　＜参照＞　農地の特定遺贈の場合は，農地法所定の許可書（届出書）が必要です。

QUESTION 11 遺贈と相続の登記が混在する場合の登記申請

Aは遺言で甲土地の3分の1をBに遺贈した。残る3分の2は、相続人CとDとが法定相続分で相続した。この場合、相続登記だけを申請することができるか。

ANSWER

遺贈の登記を先にしてから、相続登記を申請します。

解説

　Aが所有する甲土地がある場合に、共同相続人中の1人が自分の持分のみを相続による所有権移転登記（持分移転登記）をすること、または、共同相続人がそれぞれ自分の持分のみを相続による所有権移転登記（持分移転登記）をすることはできないとされています（昭和30年10月15日民甲第2216号民事局長回答）。

　この登記先例によれば、CとDとで持分3分の2を有する土地について、相続登記を申請することはできないことになります。登記官から見ると、残りの3分の1は、相続人のだれかが相続したと考えられるので、土地1筆全体を対象とする相続登記を申請しない限り、この登記申請は却下されることになります。

　本設問の場合は、まず先に、Bを登記権利者とする持分3分の1の所有権一部移転登記（遺贈の登記）をしたうえで、残る3分の2について相続を原因とするC・DのためのA持分全部移転の登記を申請しなければなりません。

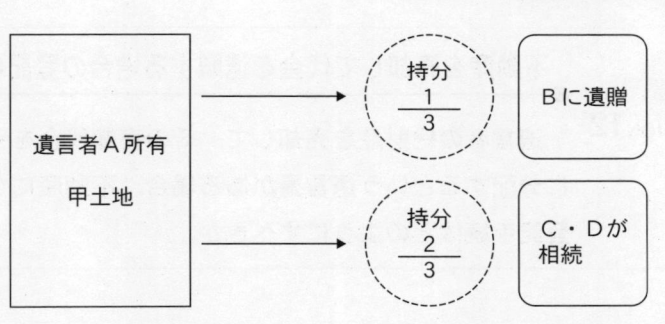

遺言者A所有 甲土地 → 持分 1/3 Bに遺贈

→ 持分 2/3 C・Dが相続

QUESTION 12　不動産を売却して代金を遺贈する場合の登記申請

遺言者の総財産を売却して，その売却代金を受遺者に分配するという遺言書がある場合，不動産について登記手続はどのようにすべきか。

ANSWER

遺言者の相続人名義で相続登記をした後に，売買による所有権移転登記を行います。

解説

遺言者の総財産を売却して，その売却代金を受遺者に分配するという遺言書がある場合は，遺言者の死亡の日から遺産の売却があるまでは，その遺産は遺言者の共同相続人に帰属していると考えられます。したがって，遺産が不動産である場合は，相続を登記原因として，いったん共同相続人の名義に所有権移転登記をし，その後に，売買を登記原因として買主に所有権移転登記をすることになります（昭和45年10月5日民甲第4160号民事局長回答）。

QUESTION 13　遺贈の仮登記の可否

Aは遺言で，Bに不動産を遺贈することを定めた。Bは，この遺言書に基づく遺言を受ける権利を保全するために，仮登記をすることができるか。

ANSWER

遺言に基づき，遺贈を受ける権利を保全するための仮登記は，申請することができません。

解説

遺贈は遺言者による単独行為であり，遺言者の生存中は遺言者の意思でいつでもこれを取り消すことができます。したがって，いったん遺言書に遺贈する旨を定めても，遺言者の生存中は受遺者においては何らの権利も取得するものではなく，受遺者においては，将来遺贈の目的物の権利を取得することの期待権すらもっていないと解されています（最高裁昭和31年10月4日・最高裁判所民事判例集）。したがって，遺贈を受ける権利を保全するための所有権移転請求権仮登記は申請することができません（登記研究352・104）。

なお，死因贈与契約による場合は，死因贈与を受ける権利を保全するための所有権移転請求権仮登記を申請することができます（→180頁Q7）。

索　　引

【あ行】

遺言の方式・種類 …………………148
遺産相続 ……………………………83
遺産分割の実行 ……………………128
意思能力 ……………………………48
遺贈 …………………………192, 203
遺贈者 ………………………………192
遺贈の仮登記 ………………………215
遺贈の承認・放棄 …………………198
遺贈の登記 …………………………209
1不動産1登記記録の原則 …………16
一身専属権 …………………………80
一棟の建物 …………………………25
一般危急時遺言 ……………………151
遺留分 ………………………………121
遺留分減殺請求 ……………………200
遺留分減殺請求権 …………………125
遺留分の規定に反する処分 ………122
遺留分を侵害する遺贈 ……………200
永小作権 ……………………………15

【か行】

家屋番号 ……………………………19
家督相続 ……………………………81
株式会社 ……………………………60
簡易の引渡し ………………………165
換価分割 ……………………………131
監督委員の同意 …………………69, 70
議事録作成者 ………………………62
規約共有部分 ………………………23
共同遺言の禁止 ……………………148
共有分割 ……………………………131
区分建物 ……………………………23
区分地上権 …………………………12
形成権 …………………………41, 125

欠格事由 ……………………………110
決議要件 ……………………………60
血族 …………………………………105
現実の引渡し ………………………164
限定承認 …………………………141, 144
検認 …………………………………152
現物分割 ……………………………131
権利証 ………………………………53
権利部(甲区) …………………………16, 21
権利部(乙区) …………………………16, 22
権利部の登記(権利に関する登記) …16, 17
公信力 ………………………………6
公正証書遺言 ………………………150
更正登記 ……………………………77
購入者の名義 ………………………74
個別的遺留分 ………………………122

【さ行】

採石権 ………………………………15
在船者遺言 …………………………151
再代襲相続 …………………………95
裁判があったことを証する情報 ……43, 44
先取特権 ……………………………14
錯誤 …………………………………77
指図による占有移転 ………………166
死因贈与契約 ………………………174
死因贈与と遺贈 ……………………174
死因贈与の仮登記 …………………180
始期 …………………………………180
敷地権 ………………………………27
敷地権となる権利 …………………30
敷地利用権 …………………………30
始期付所有権移転仮登記 …………180
自然人 ………………………………193
事前通知書 …………………………53
質権(不動産質権) …………………15

執行者	176, 186, 188
自筆証書遺言	149
借地権	12
借金の分割の可否	128
受遺者	136, 192
受遺者の死亡	201
受贈者	136, 160
使用借権	30
承認機関	60, 61
除斥	145
処分の制限の登記	15
書面によらない贈与の撤回	162
所有権	11
所有権移転登記の添付情報	52
真正な登記名義の回復	78
親族・親等	88
推定相続人	89
推定力	6
制限行為能力者	47
成年擬制	48
善意の第三者	9
全血の兄弟姉妹	101
占有改定	165
占有権	165
専有部分	23
専有部分の建物	23
相続	80, 203
相続欠格	97, 110
相続財産の法人化	117
「相続させる」趣旨の遺言	154
相続時精算課税	75
相続登記	119
相続人	80
相続人となる順位	99
相続人の廃除	112
相続人不存在の制度	116
相続の熟慮期間	140
相続の放棄	143
相続分の譲渡	156
総体的遺留分	122
遭難船舶危急時遺言	151
贈与	160
贈与契約の性質	160
贈与者	160
贈与登記の申請	168

【た行】

対抗	2, 206
胎児	102
代襲相続	90
代償分割	131
諾成契約	46
建物の従物	39
建物の名称	25
単純承認	141, 142
地役権	14
地上権	12
地積	18
父親の認知を受けない子	108
嫡出子	100
嫡出でない子	108
直系尊属	87
直系卑属	87, 88
賃借権	13
停止条件	201
定足数	60
抵当権	11
撤回	162
電磁的記録	10
伝染病隔離者遺言	151
登記	2, 10
登記記録	10, 16
登記原因証明情報	52, 55, 171, 183
登記原因を証する情報	52
登記識別情報	52
登記簿	16
登記をすることができる権利	11
同時死亡の推定	113

索　引

特定遺贈 …………………194, 199	負担付贈与 …………………172
特別受益財産 …………………137	普通養子縁組 …………………105
特別受益者 ……………………136	不動産………………………………10
特別代理人……………………58, 129	不特定物の遺贈 ………………194
特別養子縁組 …………………105	分筆………………………………18
土地の定着物……………………38	分離処分可能規約………………28
	分離処分の禁止…………………28
【な行】	包括遺贈 …………………195, 198
二重譲渡……………………………2	放棄………………………………141
認知 ………………………………108	法定共有部分……………………23
認知された嫡出でない子の相続分……108	法定相続人………………………89
根抵当権 ………………………11, 12	法定相続分 ……………………100
農地………………………………72	法定代理人……………………47, 48
農地の特定遺贈 ………………211	本来の相続分 …………………138
農地法……………………………72	
	【ま行】
【は行】	未成年後見人……………………48
配偶者……………………………87	未成年者…………………………47
配偶者控除………………………75	未成年被後見人…………………48
廃除………………………………97	みなし相続財産 ………………138
廃除することができる推定相続人……112	民事再生…………………………69
背信的悪意者………………………3	民法94条（通謀虚偽表示）2項の
売買………………………………32	類推適用 ………………………9
売買契約書………………………46	無権利者……………………………7
売買の予約………………………40	持分会社…………………………61
売買予約の仮登記………………42	
破産管財人………………………66	【や行】
破産財団…………………………67	有効期間…………………………56
破産の登記………………………66	要物契約…………………………46
半血の兄弟姉妹 ………………101	予約完結権………………………40
被相続人…………………………80	
秘密証書遺言 …………………150	【ら行】
表題部……………………………16	利益相反行為…………………58, 129
表題部の登記（表示に関する登記）……16	利益相反取引……………………59
負担付遺贈 ……………………197	暦年課税…………………………75

― 219 ―

著者紹介

青山　修（あおやま・おさむ）

<略　歴>
昭和23年生
司法書士・土地家屋調査士
名古屋大学大学院法学研究科修了
日本土地法学会中部支部会員
名古屋市で司法書士事務所開設

<主な著書>
『株式会社　特例有限会社　登記用議事録作成の手引』,『中小企業のための定款の見直し方と定款モデル例』(以上，税務経理協会),『種類株式・種類株主総会の登記実務』,『商業登記申請メモ［補訂新版］』,『補訂新版　不動産登記申請メモ』,『［改訂版］根抵当権の法律と登記』(以上，新日本法規出版),『持株会社の登記実務』(民事法研究会) など

著者との契約により検印省略

平成22年7月10日　初版発行

法律知識をまるごと理解
Q&A不動産登記の基本としくみ
―売買・相続・贈与・遺贈―

著　者	青　山　　　修
発行者	大　坪　嘉　春
印刷所	税経印刷株式会社
製本所	株式会社　三森製本所

発行所　東京都新宿区下落合2丁目5番13号　株式会社 税務経理協会
郵便番号 161-0033　振替 00190-2-187408　電話(03)3953-3301(編集部)
FAX(03)3565-3391　(03)3953-3325(営業部)
URL http://www.zeikei.co.jp/
乱丁・落丁の場合はお取替えいたします。

© 青山 修 2010　　　　　　　　　　　　　　Printed in Japan

本書を無断で複写複製(コピー)することは，著作権法上の例外を除き，禁じられています。本書をコピーされる場合は，事前に日本複写権センター (JRRC) の許諾を受けてください。
JRRC(http://www.jrrc.or.jp　eメール:info@jrrc.or.jp　電話:03-3401-2382)

ISBN978-4-419-05485-4　C3032